Schräge Heimat

Ute Friesen/Jan Thiemann

Schräge Heimat

Abgefahrene Sehenswürdigkeiten in Baden-Württemberg

Mit Illustrationen von Susanne Kracht

Widmung

Dieses Buch ist Cornelis Eibl, Jakob Lichti und Konstantin Kleinert gewidmet.
Wir wünschen den Kindern, dass sie lernen, die kunterbunte Welt mit all ihren
Schrullen und Einmaligkeiten zu lieben und vorurteilsfrei das Kuriose und
Fremde zu genießen!
Ute möchte sich bei ihren Eltern bedanken, die sie zu Entdeckerfreude erzogen
haben.

Jan dankt Emma, einem kuriosen Hund.

Bibliografische Information der Deutschen Nationalbibliothek
Die Deutsche Nationalbibliothek verzeichnet diese Publikation in der
Deutschen Nationalbibliografie; detaillierte bibliografische Daten sind
im Internet über http://dnb.d-nb.de abrufbar.

Umschlaggestaltung: Stefan Schmid Design, Stuttgart,
unter Verwendung verschiedener Illustrationen von Susanne Kracht

© 2009 Konrad Theiss Verlag GmbH, Stuttgart
Alle Rechte vorbehalten
Lektorat: Barbara Buchter, Neuenbürg
Satz und Gestaltung: DOPPELPUNKT, Stuttgart
Druck und Bindung: Druckerei Volz, Budenheim

ISBN 978-3-8062-2263-0
Besuchen Sie uns im Internet: www.theiss.de

Übersichtskarte

N
W · E
S

HESSEN

BAYERN

RHEINLAND-
PFALZ

FRANKREICH

BAYERN

SCHWEIZ

ÖSTERREICH

Bodensee

Mannheim
Weinheim
Walldürn-Wettersdorf
Tauberbischofsheim
Eberbach
Weikersheim
Creglingen
Ravenstein-Oberwittstadt
Dörzbach
Heidelberg
Mosbach
Künzelsau-Gaisbach
Altlußheim
Neckar
Kocher
Jagst
Neuenstein
Neckarsulm
Wolpertshausen-
Haßfelden
Crailsheim
Heilbronn
Bruchsal
Eppingen
Schwäbisch Hall-
Steinbach
Bretten-
Diedelsheim
Güglingen
Bönnigheim
Karlsruhe-
Durlach
Sachsenheim-
Hohenhaslach
Bietigheim-
Bissingen
Murrhardt
Ettlingen
Pforzheim
Ludwigsburg
Aalen
Manzell
Waiblingen
Schwäbisch Gmünd
Rastatt
Fellbach
Lorch
Heubach
Loffenau
Stuttgart-
Plieningen
Esslingen
Dischingen-
Ballmertshofen
Baden-Baden
Calw-Wimberg
Böblingen
Göppingen
Heidenheim
Bad Teinach
Waldenbuch
Geislingen
an der Steige
Gerstetten-
Gussenstadt
Rheinau-
Gambsheim
Metzingen
Donau
Tübingen
Reutlingen
Offenburg
Freudenstadt
Ulm
Neckar
Empfingen
Engstingen
Ehingen-
Mochental
Schiltach
Balingen
Burladingen-Killer
Rottweil
Veringenstadt
Biberach-
Ringschnait
Endingen
Emmendingen
Donau
Sigmaringen
Bad Buchau
Vogtsburg-
Burkheim
Gütenbach
Villingen-Schwenningen
Bad Schussenried
Eberhardzell-
Ritzenweiler
Freiburg
Tuttlingen
Pfullendorf
Altshausen
Bad Wurzach
Aichstetten
Iller
Emmingen-
Liptingen
Todtnauberg
Heiligenberg-
Steigen
Ravensburg
Argenbühl-Eglofs
Hilzingen-Binningen
Büsingen
Konstanz
Friedrichshafen
Lörrach
Rhein

0 10 20 30 km

5

Inhalt

Liebe Leser!

Das Land Baden-Württemberg ist kurios, kauzig und eigenständig. Das glauben Sie nicht? Dieses Buch wird Ihnen zeigen, warum und wo – Sie werden staunen!

Als wir für diesen Reiseführer Baden-Württemberg mit viel Spaß durchstreift haben, immer mit offenen Augen für sonderliche und ungewohnte Sehenswürdigkeiten, wurde uns bewusst, was wir davor nur geahnt haben: Dass man nicht weit fahren muss, um zu erleben, wie bunt und faszinierend die Welt ist. Wir hoffen, dass wir Sie anstecken können mit der Neugier auf Eigentümliches und mit der Begeisterung für die Wunderlichkeiten des Landes.

Manche Leute, die wir angeschrieben und besucht haben, waren skeptisch, als sie den Titel hörten. Es gibt nicht wenige Landsleute (und Reigschmeckte), die großen Wert darauf legen „normal zu sein" und die fürchten, man könnte sich über sie oder auf ihre Kosten amüsieren.

Das war jedoch ganz und gar nicht unser Anliegen. Im Gegenteil: Wir finden, dass das Land weniger lebenswert wäre, wenn alle täten, was scheinbar alle tun. Wir haben auf unseren Touren viele faszinierende Menschen kennengelernt: Einen Zebuzüchter, einen Nistkastensammler, einen Totempfahlschnitzer, einen Rikschabauer und viele mehr – Menschen die „schräge" Ideen und Hobbys haben und diese mit Begeisterung umsetzen. Sie sind es, die dieses Land zu einem schillernden Stück Deutschland machen.

Bei unseren Recherchen waren wir auch dem Vorwurf ausgesetzt, die deutsche Geschichte mit ihren Grausamkeiten nicht ernst zu nehmen. Es habe schon „a Gschmäckle", Guillotinen der NS-Zeit und Relikte des Hexenwahns als bestaunenswerte Sensationen zu beschreiben. Manche ins Buch aufgenommene Sehenswürdigkeiten sind in der Tat befremdlich – aber gerade sie machen vergangene Zeiten eindrücklich. Manche beschriebenen Orte mögen verstörend wirken. Das ist gewollt. Ein Fresko, das Verwesende zeigt, zwingt uns Heutige durchaus, darüber nachzudenken, wie distanziert wir mit Tod und Sterben umgehen. Und Strassohrringe mit Hakenkreuz sensibilisieren den Betrachter mehr als jedes Geschichtsbuch für den kritischen Umgang mit politischer Massenbegeisterung.

Vieles macht aber einfach ungetrübt und ohne Wenn und Aber Spaß: die Wassermühlen der Schelmenklinge zum Beispiel und das etwas andere Minigolf im Seepark, eine bunte Eisenbahn im Vorgarten und Schrankbäder vergangener Zeiten – jede Menge Aha-Effekte gibt's gratis dazu.

Wir wünschen Ihnen eine außergewöhnliche Reise durch Baden-Württemberg. Lassen Sie sich verblüffen!

Ute Friesen und Jan Thiemann

Besen und Beten

Die St.-Rochuskapelle bei Aichstetten

Statt der Nordic-Walking-Stöcke sollten Sie auf diese Tour einen Besen mitnehmen, vor allen Dingen, wenn Sie unter Furunkeln und Ausschlägen leiden, denn die St.-Rochus-Kapelle ist eine so genannte Besenkapelle. Früher wurden nur Reisigbesen zur Kapelle gebracht, wie sie beispielsweise auf alten Bildern Knecht Ruprecht mit sich trägt. Heute aber findet man in der Kapelle das ganze Sortiment des Hausputzes vor: Stubenbesen und Hofbesen aus Plastik, solche aus Rosshaar oder einfache Strohbesen. Sie sind ordentlich in einer Ecke der Kapelle zusammengestellt. Manche Besucher kommen wohl sogar nachts zum Gebet an die Kapelle und legen den mitgebrachten Besen vor dem kleinen Steingebäude ab. Vielleicht finden sie es etwas beschämend, mit einem Besen im Wald gesehen zu werden – nicht, weil man sie irrtümlich für Hexen halten könnte, sondern weil das Bittgebet an den Heiligen St. Rochus und die Besenspende im rational geprägten 21. Jahrhundert belächelt werden könnte. Doch auch heute noch kommen immer wieder neue Besen dazu …

Doch nicht alle Gläubigen bringen Kehrgeräte in die kleine Kapelle. Es sind auf dem Altar drei Marienstatuen aus Porzellan sowie diverse Kruzifixe und Kerzen anzutreffen – und sogar ein Pater Pio hat es als religiöses Souvenir über die Alpen nach Aichstetten geschafft.

Schutzpatrone

Dass Heilige verschiedene Klientengruppen haben, liegt in der Gesellschaftsstruktur des Mittelalters begründet, der Zeit, als sich die Heiligenverehrung entwickelte. Im frühen Mittelalter gab es keinen Staat, der den Einzelnen schützte. Dies Aufgabe kam vielmehr der Familie – in einem sehr viel weiter gefassten Sinne als heute – zu, die aber auch das Leben jedes Mitglieds mitbestimmte. Die Familienmitglieder waren füreinander in hohem Maße verantwortlich. Auch Menschen, die in einem Gebiet miteinander in enger Verbindung standen, wie z. B. Bruderschaften, hatten die Funktion einer Familie.

Wurde nun eine verstorbene Person wegen ihrer Selbstaufopferung, ihrer heilenden Kräfte oder ihres vorbildlichen Lebens heilig gesprochen, so glaubte man, der oder die Heilige sei näher bei Gott und könne dort für die Menschen auf der Erde Gutes erbitten. So unterstellten sich Kirchengemeinden oder ganze Landstriche dem Patronat eines dort geborenen oder begrabenen Heiligen. Er wurde gewissermaßen zum Oberhaupt ihrer Familien, dem Patron. Auch heute gibt es noch solche regionalen Patronate, beispielsweise ist der heilige Radolf der Stadtpatron von Radolfzell am Bodensee.

Gebete an Rochus werden besonders bei Beinleiden, Knieproblemen, Seuchen und Ausschlägen gesprochen. Die Kapelle am Buchkapf in Hörweite der Autobahn A 96 wird von den Aichstettern auch Oißa-Kapelle genannt. Als „Oißa" bezeichnet man dort eitrige Geschwüre. Auf Bildern ist der Heilige selbst meist mit einer Pestbeule am Bein dargestellt.

Warum es Besen sind, die in der Kirche abgelegt werden, lässt sich nicht mehr genau sagen. Wahrscheinlich liegt das daran, dass St. Rochus als Schutzpatron der Bürstenbinder gilt. St. Rochus ist darüber hinaus aber auch der Schutzheilige der Ärzte, Chirurgen, Apotheker, Bauern, Gärtner, Schreiner, Pflasterer, Totengräber und Kunsthändler. Sicher ist, dass die Rochus-Kapellen in Zeiten der Pest in Deutschland populär wurden. Über das Leben des Rochus, der Ende des 13. Jahrhunderts im südfranzösischen Montpellier in einem reichen Elternhaus geboren wurde, ist aber wenige bekannt. Nach dem frühen Tod seiner Eltern soll er sein Hab und Gut an Arme verteilt haben, um dann als Bettelmönch in den Orden des Heiligen Franz von Assisi einzutreten. 1317 pilgerte er nach Rom und half bei der Pflege von Pestkranken, von denen er viele mit Hilfe göttlicher Wunder geheilt haben soll. Auf der Rückreise erkrankte er selbst an der Pest, wurde aber im Spital abgewiesen. Daraufhin wurde er der Legende nach in einer einsamen Waldhütte von einem Engel gepflegt und von einem Hund mit Brot versorgt, bis er genas. Nach seinem Tod bestattete man ihn in der Kirche San Rocco in Venedig, Reliquien finden sich aber auch in Rom und Montpellier.

Adresse:
Auf dem Buchkapf
bei 88317 Aichstetten

Info:
Gemeindearchivar Gerhard Schmaus, Finkenstraße 5, 88317 Aichstetten.

Anfahrt mit öffentlichen Verkehrsmitteln.
Ab Memmingen mit der Regionalbahn Richtung Hergatz bis Aichstetten. Vom Bahnhof zu Fuß auf der Hochstraße Richtung Ortsmitte, bis links die Edelweißstraße abbiegt. Mit dieser bis zur Hauptstraße, rechts abbiegen bis zur Eschacher Straße, links dieser ortsauswärts folgen. Auf der rechten Seite geht nach dem Ortsausgang der Weg zu einem Aussiedlerhof ab. Links liegt ein Waldstück. Genau hinter den Bäumen geht der Weg hinauf in den Wald. Rechts halten und entlang einer Schonung durch den Wald bis zur Kapelle.

Kuriositäten in der Nähe:
• Schädelbrecher im Museum für Indianistik in Waldburg
• Nationalsozialistische Thingstätte bei Leutkirch

Um ein Haar

Das Friseurmuseum in Altlußheim

Kreppeisen, Welleneisen, Barteisen und Reiseonduliereisen – das Friseurmuseum zeigt einen historischen Abriss aller Gerätschaften, die ein Friseur oder Perückenmacher ehedem brauchte, um seinen Kundinnen und Kunden den neusten Look zu verpassen. Mal war glatt gefragt, mal gekringelt. Der Besucher rauft sich die Haare, wenn er bedenkt, wie viel Lebenszeit unter den ausgestellten Trockenhauben zwischen 1920 und heute und den seit 1930 hergestellten Dauerwellengeräten verbracht wurde, nur weil sich die Damen und Herren nicht mit dem Aussehen der Hornfäden abfinden wollten, die auf ihrem Kopfe wuchsen.

Haarfarben

Neben schneiden und Locken drehen ist das Färben eine Leistung, die Friseure jeden Tag erbringen. Wovon aber hängt die Ursprungshaarfarbe ab? Haare enthalten in ihrem Inneren Farbpigmente, sogenannte Melanine. Sie werden durch winzige Kanälchen in die Zellen des Haares bei seinem Wachstum eingeschleust. Im Haar sind zwei der natürlichen Haarfarben vorhanden. Das Eumelanin entscheidet darüber, wie dunkel die Haare sind. In schwarzem Haar kann man es unter dem Mikroskop als deutliche Körnchen erkennen. Das viel kleinere Phaeomelanin kommt hauptsächlich in roten und blonden Haaren vor. Alle natürlichen Haarfarben ergeben sich aus einer Mischung dieser beiden Pigmente. Die persönliche Haarfarbe wird vererbt, allerdings kann sie sich im Laufe der Jahre verändern. Wenn der Körper nicht mehr genügend Melanin herstellt, werden statt der Farbkörnchen Luftbläschen eingelagert und das Haar schimmert weiß.

So wie sich der Trend beim Kopfputz änderte, so waren auch die im Museum mit passenden Accessoires gezeigten Einrichtungen der Salons dem Zeitgeist unterworfen. Im Jugendstil schmückten verschnörkelte Holzornamente die Spiegelwand. In den Fünfzigern wurden die Friseureinrichtungen schwarz-weiß, um dann in den Sechzigern wieder bunt zu schillern. In den folgenden beiden Jahrzehnten liebte man erst Marmor, bevor zu den schrillen Farben im Haar die Salonausstattung im Graffiti-Look gestylt wurde.

Das haarige Museum zeigt Schnurrbarttassen für den Herrn, der vermeiden möchte, dass der Schnorres in der Frühstücksmilch badet, und 180 verschiedene Rasiermesser, mit denen man den Stoppeln im Gesicht den Kampf ansagen kann. Einige davon sind immerhin aus Elfenbein.

40 Föhne zeigen die technische Entwicklung – und die des Geschmacks. Nicht ganz ungefährlich durfte es gewesen sein, die Haarpracht mit dem ausgestellten Kohleöfchentrockner zu behandeln.

Im Raritätenschrank sind die Besonderheiten des Museums zu sehen: haarfeiner Schmuck aus Haaren, der zwischen 1800 und 1920 angefertigt wurde. In der Epoche der Empfindsamkeit mit ihrem gefühlsseligen Erinnerungs- und Freundschaftskult war es populär, geliebten Personen ein Schmuckstück aus eigenen Haaren zu machen, dem Ehegatten etwa eine Uhrkette zu schenken, bei der höchst filigran geflochtene Zöpfe den Zeitmesser hielten. Die Haare haben den Charakter von Reliquien und machen die geliebte Person auch dann anwesend, wenn man von ihr getrennt ist. Das Museum besitzt sogar einen haarigen Fingerring. Die Haararbeiten wurden meist von Perückenmachern, in Klöstern oder Handarbeitskränzchen gefertigt. Aus der Zeit zwischen 1870 und 1910 stammen die ebenfalls mit Menschenhaar dekorierten Haarbilder, die man im Andenken an Verstorbene ins Wohnzimmer hängte. Aus den Haaren wurden Blümchen und Blättchen gebogen und das Kunstwerk durch Silber- oder Golddraht und Perlen ergänzt und gerahmt.

Sie finden die Idee eines Friseurmuseums an den Haaren herbeigezogen? Wie dem auch sei: Selbst Glatzenträger werden den Besuch mit Haut und ohne Haar genießen!

Adresse:
Schnuteputzers Friseurmuseum
Schulstraße 1
68804 Altlußheim
Tel. 0 62 05/3 19 23

Öffnungszeiten:
Jeden zweiten Sonntag im Monat 10–12 Uhr und nach Vereinbarung.

Anfahrt mit öffentlichen Verkehrsmitteln:
Ab dem Neulußheimer Bahnhof mit dem Rhein-Neckar-Bus 717 Richtung Speyer.
Haltestelle Altlußheim, Raiffeisenbank (Fahrtzeit: 5 Min.)

Kuriositäten in der Nähe:
• Erste kostenlose Solar-Tankstelle in Altlußheim
• Postillion-Uniformen im Postmuseum Rheinhausen

Eine Gruft aus Leimholz

Das Heilige Grab in Altshausen

Es gibt Dinge, die sind mal verboten, dann wieder erlaubt. Nein, dabei denken wir nicht an Alkoholkonsum oder Nacktbaden … Eine besonders heikle Geschichte von Verboten und ihrer Aufhebung betrifft vielmehr etwas, das der moderne Mensch nun nicht als unmittelbare Bedrohung wahrnimmt: das Aufstellen von „Heiligen Gräbern" in der Kirche. Eines der letzten Exemplare dieser Spezies ist in Altshausen erhalten.

Wirklich populär wurden solche Heiligen Gräber zwar hauptsächlich durch den Einfluss von Pilgerfahrten nach Jerusalem, das Altshausener Grab aber wirkt keinesfalls morgenländisch, sondern zeigt klares, mitteleuropäisches Barock. Selbst der mit einer Harfe dargestellte König David, der 1000 v. Chr. lebte, trägt einen modischen Mantel mit Hermelinbesatz und spielt ein Instrument mit barocker Engelsverzierung.

Urheber der Verwirrung war Kaiser Joseph II. Ihm war es ein Dorn im Auge, dass in den Kirchen zur Karzeit als sichtbares Zeichen des Leidens und Todes Christi ein Grab aus Leimholz aufgestellt wurde. Unproduktive Kontemplation lehnte er sowieso ab, aber auch alle Äußerlichkeiten in der Kirche verabscheute er. In der Kirche sollte man beten und nicht Kulissen schieben, das war seine Überzeugung. Berühmt wurde u. a. sein Verbot des Leichenschmauses nach Bestattungen, die in der Barockzeit nicht selten das Ausmaß von Gelagen annahmen. Aber auch die Beerdigung des Herrn sollte ohne unnötigen Aufwand stattfinden und nicht bildlich in der Kirche zelebriert werden. 1786 nahm man den kaiserlichen Willen auch in Altshausen wahr. Das 1763 vollendete Heilige Grab durfte ab 1786 nicht mehr gezeigt werden.

Nach dem Tod Josephs II. durfte ab 1804 das Grab wieder verwendet werden und stand im Mittelpunkt der Feierlichkeiten der Karwoche. Das Heilige Grab wurde jeweils in der Karwoche aufgebaut und nach Ostern wieder zerlegt. Es besteht aus 23 hölzernen Bildtafeln, auf denen wichtige Personen aus der biblischen Geschichte abgebildet sind, sowie zwei großen, bemalten Leinwänden. Es handelt sich um eine für die Zeit typische Konstruktion aus Brettern und Kanthölzern, die mit eisernen und hölzernen Nägeln verbunden wurden. Die lebensgroßen Figuren und

Barock

Um leichter über das Typische einer Zeit reden zu können, haben Kunst- und Kulturwissenschaftler immer wieder versucht, die Geschichte in Epochen aufzuteilen und herauszustellen, was die Kunst aus dieser Zeit miteinander verbindet. Eine dieser Epochen nennt man „das Barock". Je nach Autor wird die Zeit zwischen 1648 und 1770 als Barock bezeichnet. Die Epoche setzt nach dem Dreißigjährigen Krieg ein. Weite Teile Europas waren zerstört, ganze Dörfer ausgestorben. Krankheit und Hunger prägten das Leben. Und so sehnten sich die Menschen nach Ordnung und Harmonie. Die Kunst des Barock ist fast immer symmetrisch. Egal ob Gärten oder Häuser, beide Seiten sind spiegelverkehrt, Beete sind akribisch eingefasst und die Bäumchen beschnitten. Natürlichkeit zählte nicht im Barock, sondern Künstlichkeit. Die Dichter des Barock versuchen nicht originell oder persönlich zu schreiben, sondern reimen nach festen Vorgaben. Die Malerei ist üppig und jede freie Fläche wird ausgemalt. Der sogenannte „Horror Vacui" geht um: die Angst vor der Leere. An den Höfen wird jede freie Minute mit Tanz, üppigen Gelagen und Jagden ausgefüllt. Es gilt, das Leben zu genießen. Es könnte zu schnell vergehen. „Carpe diem" – Pflücke den Tag! – ist ein Motto der Zeit. Denn überall lauert der Tod.

In ihrem Glauben sind die Menschen des Barock verunsichert. 30 Jahre lang haben Katholiken gegen Protestanten gekämpft. Oft war unklar, wer auf welcher Seite steht und um was es eigentlich geht. Viele Menschen haben einfach nur Angst. An was sollen sie sich halten, an die katholische oder die evangelische Lehre? Die Kunst in den katholischen Kirchen war gefühlsbetont und sinnlich; die Kirche versuchte die Gläubigen an sich zu binden. Während der Protestantismus nur auf das Wort Gottes setzte, förderte die Katholische Kirche im Barock religiöse Inbrunst und Emotionen.

sechs Holztore wurden so hintereinander aufgestellt, dass eine tiefe Raumwirkung entstand, zu der auch die Bemalung, eine sogenannte Scheinarchitektur, beiträgt. Obwohl die Bogen aus Holzplatten geschnitten sind, wirken sie wie aus Steinen gebaut. Zu jedem Tor gehören zwei Säulen, die auf Postamenten stehen; ihre Schäfte sind golden verziert. Auf den Säulen kann je nach Bedarf oben eine Figur eingesteckt werden. Zwischen den Säulen verläuft als zusätzliches räumliches Element eine kleine Empore mit Balustrade. Der Holzboden der ganzen Kulisse ist mit einem Rechteckmuster bemalt, dessen einzelne Flächen nach hinten perspektivisch kleiner werden. In der Mitte befindet sich eine kleine Treppe, über die die Ministranten und der Pfarrer die Bühne betreten konnten. Mittelpunkt ist ein Sarkophag aus Holz, auf dem der Leichnam Jesu liegt.

Am Karfreitag brachte der Pfarrer in der dunklen Kirche in einer Prozession die Strahlenmonstranz zum Heiligen Grab, in der sich eine Hostie befindet. In dieser

geweihten Oblate ist nach dem katholischen Glauben Jesus real anwesend. Die Monstranz wurde an einem Seil hochgezogen und hing nun bis zum Ostermorgen über dem aus Holz ausgeschnittenen Leichnam Christi. Bei der Auferstehungsfeier am Morgen des Ostersonntags wurde der Leichnam weggeklappt. Statt des toten Christus wurde der Auferstandene von den Ministranten auf Rollen nach oben gezogen und hing nun vor dem im Hintergrund aufgemalten Strahlenkranz. Die Monstranz mit der Hostie wurde durch die hell erleuchtete Kirche zurück zum Altar getragen.

So konnten auch diejenigen Gläubigen, die des Lesens unkundig waren, die Ostergeschichte nacherleben. Ein erneuter Erlass verbot dann bis 1837 wieder alle theatralischen Vorstellungen in der Kirche. Das heilige Grab von Altshausen diente Malern als Gerüst und musste erst aufwändig restauriert werden, als es 1854 wieder gestattet war, die Holzkulisse aufzustellen. 1911 wurde Altshausen elektrifiziert und 1912 das Grab mit 80 bunten, elektrischen Lämpchen ausgestattet, die die Osterfreude in knalligen Farben wiedergaben. Doch schon drohte das nächste Verbot: 1955 änderte sich die Liturgie der Karwoche und aus Rom kam erneut ein Verbot der großen Heiligen Gräber. Auch das Grab von Altshausen kam auf den kirchlichen Dachboden, wo es allmählich verstaubte.

Es grenzt schon fast an ein Wunder, dass die Bilder nicht vergessen wurden, sondern dass man heute wieder die Geschichte des Leidens, des Sterbens und des Sieges Jesu über den Tod das ganze Jahr in Altshausen in einer eigens gebauten, neuen Kapelle bestaunen kann. Allerdings droht heutzutage die Gefahr von ganz anderer Seite. Da die Räume im Barock feuchter waren und auch das Holz längst noch nicht so trocken, als es verarbeitet wurde, schrumpft das Holz im heutigen Kirchenklima und droht trotz Luftbefeuchtung zu reißen.

Adresse:
Schlosskirche St. Michael
88361 Altshausen

Info:
Kath. Pfarramt, Schlosskirche St. Michael, Schloßstraße 7, 88361 Altshausen

Anfahrt mit öffentlichen Verkehrsmitteln:
Ab Aulendorf mit dem RAB-Regionalbus 7567 Richtung Ostrach oder ab Bad Saulgau mit dem RAB-Regionalbus 7573 Richtung Ravensburg, Haltestelle Altshausen/Weiher

Kuriositäten in der Nähe:
• Bau- und Experimentierkästen im Spielzeugmuseum Aulendorf
• Vermessungslehrpfad des Grenzsteinmuseums Ostrach
• Zeichnungen von Schwester Innocentia Hummel – Vorlagen für die Hummel-Figuren aus Porzellan – im Kloster Siessen
• Strauchbirken, die man lange für ausgestorben hielt, im Burgweiler-Pfrunger Ried; hier leben auch die seltenen Europäischen Sumpfschildkröten.

Gräber für Grenzgänger

Irische Grabsteine bei Schloss Syrgenstein

Wer mit dem Bus nach Eglofstal kommt, der kann gleich im Gasthof Bären die erste Grenzverschiebung erfahren, denn im Gastraum befindet sich ein Gemälde über dem Gedicht von Ludwig Uhland: „Die Wurmlinger Kapelle". Für alle, die die Gedichte der Schwäbischen Romantik nicht in ihrem lokalpatriotischen Gedächtnis gespeichert haben sollten: Rechts ist der Text nachzulesen. Auf dem Bild ist, wie sollte es anders sein, der Hirtenknabe zu sehen und die Wurmlinger Kapelle. Doch die wurde kurzerhand umgesiedelt. Sie steht im Bild nicht mehr in Wanderentfernung von Tübingen am Neckar, sondern wurde ins Allgäu gebeamt. Um die Kapelle stehen Gebäude aus Argenbühl – und natürlich auch der Gasthof Bären.

Gestärkt kann man sich anschließend nach einer deftigen Brotzeit auf den Weg machen hinauf zum Schloss Syrgenstein. Dieses Schloss zu verorten, ist nun auch nicht ganz unkompliziert: Es liegt postalisch in Baden-Württemberg und bekommt seine Briefe folglich von Argenbühl aus zugestellt. Allerdings liegt es vermessungstechnisch schon auf bayerischer Gemarkung – wobei es kirchlich zu Hergatz gehört, die Bewohner also offiziell zur Kirchengemeinde Maria-Thann im bayerisch-schwäbischen Landkreis Lindau gehören, aber Bürger der politischen Gemeinde Heimenkirch sind.

Damit nicht genug der Grenz-Verwirrung: Biegt man hinter den Garagen des zum Schloss gehörenden, aber außerhalb des Gartens stehenden Wohngebäudes in den Wald ein und folgt immer geradeaus dem Wanderweg Richtung Maria Thann, so sieht man am Wegesrand die Reste eines Grabes mit Irischen Ornamenten auf dem sehr mitgenommenen Grabstein. „Edith Daughter of Henry and Elisabeth Hutton of Dublin died Oktober 27. 1868 Aged 19." (zu Deutsch: „Edith, die Tochter von Henry und Elisabeth Hutten aus Dublin, gestorben am 27. Oktober 1868, 19 Jahr alt") steht auf der Einfassung. Möglicherweise ist hier ein Hausmädchen oder eine Bekannte des damaligen Schlossbesitzers begraben. Syrgenstein gehörte nämlich von 1858 bis 1882 einem nicht adeligen Engländer namens Withle, der es als Unterkunft nutzte, wenn er von seinen Italienreisen kommend in Deutschland einige Tage Rast machen wollte.

Aber warum wurde die junge Irin nicht auf einem Friedhof begraben, sondern an einer einsamen Stelle im Wald? Sicher war sie aufgrund ihrer Herkunft Mitglied der anglikanischen Kirche. Als solche wurde sie ausgegrenzt und durfte nicht auf einem geweihten, katholischen Gottesacker beigesetzt werden – was im Übrigen auch für evangelische Christen oder ungetaufte Kinder galt. Mit der Strafe, nicht innerhalb der

Kirchhofsmauer begraben zu werden, belegte die katholische Kirche außerdem Menschen, die den Freitod gewählt hatten, sowie verurteilte und hingerichtete Verbrecher.

Im Volksmund heißt die Grabstelle der Irin dennoch „Der irische Friedhof", da außerdem ein Gedenkstein und einige, auf mystheriöse Weise hierher gelangte ausgediente Grabsteine das Ensemble vervollständigen.

Die Wurmlinger Kapelle

Droben stehet die Kapelle,
Schauet still ins Tal hinab.
Drunten singt bei Wies' und Quelle
Froh und hell der Hirtenknab'.

Traurig tönt das Glöcklein nieder,
Schauerlich der Leichenchor,
Stille sind die frohen Lieder,
Und der Knabe lauscht empor.

Droben bringt man sie zu Grabe,
Die sich freuten in dem Tal.
Hirtenknabe, Hirtenknabe!
Dir auch singt man dort einmal.

Ludwig Uhland

Info:
Graf von Waldburg-Zeil, Schloss Syrgenstein, 88260 Argenbühl-Eglofs.

Anfahrt mit öffentlichen Verkehrsmitteln:
Ab Isny oder Wangen im Allgäu mit dem RAB-Regionalbus 7542, Haltestelle Eglofstal.

Kuriositäten in der Nähe:
• Nonnentrompete, die in Klöstern gespielt wurde, da den Nonnen untersagt war, Blechblasinstrumente zu spielen – zu sehen im Allgäu-Schwäbischen Musikarchiv in Eglofs
• Historische Kritzeleien und Graffiti der einstigen Gefängnisinsassen im Wassertormuseum in Isny

Wo Bäume auf wackeligen Beinen stehen

Der Wackelwald am Federsee bei Bad Buchau

Wer gern festen Boden unter den Füßen hat, wird am Federsee bei Bad Buchau auf eine recht schwankende Probe gestellt. Zunächst wirkt hier eigentlich alles ganz normal, eben wie in einem „herkömmlichen" Waldstück: Vom gut ausgeschilderten Federseemuseum führt ein ebenfalls beschilderter Fußweg bis zum Naturerlebnispfad, der auf 600 Metern Länge durch den Wackelwald führt. Aber die Bäume wachsen in diesem Wald auf bewegtem Untergrund, nämlich auf einer nur 30 Zentimeter dicken Torfschicht, unter der sich die „Mudde" befindet, eine puddingartige Pampe aus abgestorbenen Pflanzen, Kalk und einer Menge Wasser. Das Waldstück „schwimmt" gewissermaßen auf einem Kissen am Rande des Federsees. Der Name „Wackelwald" ist denn auch tatsächlich berechtigt: Rhythmisches Hüpfen (am besten in der Gruppe) lässt den Boden unter den Füßen wackeln und kräftiges Springen versetzt sogar die umstehenden Bäume in schwankende Bewegungen. Auf diese Art kann man sich sein ganz persönliches kleines Erdbeben selber basteln. Hört man mit dem Hüpfen auf, so schwingt der Boden unter den Füßen noch ein wenig nach.

Der Rundweg durch den Wackelwald wird auch von Bildtafeln begleitet, die Geologie, Tier- und Pflanzenwelt auf dem vom Naturschutzbund Deutschland angelegten Naturlehrpfad erklären. Den Besuchern stehen hölzerne Aussichtsplattformen zur Verfügung, von denen aus sich die Flora und Fauna des Moores und speziell die Vogelwelt beobachten lassen. Landeinwärts um den Wackelwald herum finden wir Riedwiesen, auf denen man wegen der späten Mahd und der naturschonenden Bewirtschaftung zehn Orchideenarten und viele andere seltene Pflanzen finden kann. Landwirtschaft ist hier ohnehin nur mit doppelbereiften Traktoren möglich, so aufgeweicht ist der Untergrund.

Das Federseemoor bietet geschützte Lebensräume für viele seltene Arten, zum Beispiel brütet im Schilfgürtel die Rohrweihe. Zur Vogelzugzeit ist der Federsee ein wichtiger Rastplatz, da er der letzte Stopp vor dem Flug über die Alpen ist. Für Gänsesäger, Merlin oder die Kornweihe ist der Federsee das wichtigste Winterquartier im ganzen südlichen Deutschland. Vogelfreunde bekommen am größten zusammenhängenden Moorgebiet Südwestdeutschlands die Chance, viele der 265 hier lebenden Vogelarten zu betrachten. Das Federseeareal ist nicht von ungefähr ein Vogelschutzgebiet nach der europäischen Flora-Fauna-Habitat-Richtlinie und Teil des europäischen Biotopverbundes Natura 2000.

Durch den dichten Schilf- und Moorgürtel gibt es fast keine Möglichkeit, direkt ans offene Wasser zu gehen, so hat man einen 1,5 Kilometer langen Holzsteg erbaut, auf dem man vom Federseemuseum mitten auf den See gelangen kann. Auf der an seinem Ende befindlichen Aussichtsterrasse können Sonnenauf- und Untergänge zum romantischen Erlebnis werden – wenn man vorher an Schutz vor Stechmücken gedacht hat. Hier kann man dem Leben auf und im Wasser ganz nahe kommen und wenn man möchte, auch Ruderboote mieten. Zusätzlich führt vom Parkplatz des Federseemuseums ein Steg durch das Banngebiet Staudacher bis in das nahe gelegene Moosburg.

Im Federseebecken siedeln seit über vierzehntausend Jahren Menschen, es ist bekannt als archäologische Fundlandschaft mit Siedlungsspuren vor allem aus dem Jungneolithikum und der Bronzezeit. Im kleinen Kurort Bad Buchau lassen sich

Torf und seine Entstehung

Der Ursprung eines jeden Moores sind ein stehendes Gewässer und die dort lebenden Pflanzen. Durch einen Mangel an Sauerstoff verrotten Pflanzenreste nur unvollständig und werden als Torf abgelagert. Das Gewässer verlandet so nach und nach von außen nach innen. Der Unterschied zwischen einem Moor und einem Sumpf besteht darin, dass ein Sumpf von Zeit zu Zeit trocken fällt und sich so aus den Pflanzenresten Humus bilden kann. Ein Moor ist permanent überflutet und bildet deshalb zum Teil meterdicke Schichten aus Torf. Diese wurden schon zu Urzeiten von Menschen abgebaut und genutzt, im 19. Jahrhundert verwandte man Torf sogar zur Feuerung in der Eisen- und Stahlindustrie. Außerdem wurde getrockneter Torf als Baumaterial zum Errichten von Häusern, als Stalleinstreu oder Bindemittel eingesetzt. Die Asche von verbranntem Torf fand auch als Dünger in der Landwirtschaft Verwendung.

Heute dient Torf fast nur noch als Bodenverbesserer im Gartenbau. Viele Gärtner schätzen ihn, da der Boden luftig bleibt und dennoch Wasser gebunden wird, d. h. man muss seltener gießen. Die Bequemlichkeit hat allerdings auch ihre Kehrseite: Die Torfgewinnung zerstört wertvolle Lebensräume im Moor. Torf gehört also eigentlich ins Moor, nicht in den Garten. Verantwortungsbewusste Gärtner setzen daher seit langem auf Rindenkompost oder Flachs.

zahlreiche Spuren dieser Vergangenheit entdecken. Das Federseemuseum ergänzt die Entdeckungstour durch die Frühzeit der Menschheit, indem es Funde aus 6000 Jahren Leben am See und ein Dutzend begehbare, rekonstruierte Stein- und Bronzezeithäuser präsentiert. Das Aktivprogramm „Archäologie live" bietet beispielsweise Vorführungen urgeschichtlicher Handwerkstechniken, eine Steinzeitwerkstatt für Kinder und Jugendliche und ständig wechselnde Sonderausstellungen. Infos dazu gibt es unter: www.federseemuseum.de.

Fahrradfahrer und Wanderer können den 16 Kilometer langen Federsee-Rundweg für Expeditionen nutzen. An den 14 Stationen ist jede Menge Hintergrundinfo über die eiszeitliche Entstehung dieses bedeutenden grundwassergespeisten Moorgebietes, Tier- und Pflanzenwelt sowie über die Landwirtschaft dargestellt. Lediglich zum Baden eignet sich der Federsee nicht, die Natur hat hier die Oberhoheit. In Bad Buchau gibt es aber (wie der Name schon verrät) einen Badetempel, die Adelindis-Therme.

Nicht versäumen sollte man beim Besuch in Bad Buchau die Besichtigung des idyllisch gelegene jüdischen Friedhofs, der von einer langen Tradition der vom Mittelalter bis zum Zweiten Weltkrieg bestehenden bedeutenden jüdische Gemeinde zeugt. Viele der Grabsteine tragen einen berühmten Namen: Einstein! Der Vater des genialen Physikers, Hermann Einstein, wurde am 30. August 1847 in Buchau geboren. Schon der erste namentlich erwähnte Vorfahre von Albert Einstein, Baruch

Wer hat das Rad erfunden?

Das Rad ist wohl vor 5400 Jahren von den Sumerern erfunden worden. Es war kein Speichen-, sondern ein Vollscheibenrad. Erhalten hat sich im Zweistromland aus dieser Zeit jedoch kein einziges Exemplar. Möglicherweise wurde das Rad am Federsee für Europa in der Steinzeit unabhängig davon noch einmal erfunden. Kein Wunder, dass auch diese Wiege des (Auto-)Mobils in Baden-Württemberg liegt. In Seekirch und Alleshausen jedenfalls hat man die bisher ältesten erhaltenen Scheibenräder der Welt gefunden. Offenbar ist hier vor 5000 Jahren ein Karren verunglückt – zur Freude heutiger Archäologen. Nachbildungen des gebrochenen Rades sind in Bad Buchau im Museum zu sehen. Die Radteile bestehen aus Ahorn. Die Achse ist aus Eiche oder Esche. Sie ist aber noch fest mit dem Rad verbunden und dreht sich also unter dem Wagen mit. Verblüffend ist, dass die Einzelteile der Räder mit Schwalbenschwanzverbindungen in der Steinzeit durch offenbar schon sehr patente Schreiner aneinandergefügt worden sind.

Moses Ainstein, wurde im 17. Jahrhundert Mitglied der Gemeinde. Ein Großneffe Einsteins namens Siegbert Einstein war der letzte jüdische Bewohner von Bad Buchau. Er überlebte das KZ Theresienstadt und war nach dem Krieg zeitweise zweiter Bürgermeister des Ortes.

Info:
Tourist-Information, Marktplatz 6, 88422 Bad Buchau, Tel. 0 75 28/9 33 60,
E-Mail: info@bad-buchau.de

Anfahrt mit öffentlichen Verkehrsmitteln:
Ab dem Bahnhof Bad Schussenried mit dem Regionalbus Linie 272 Richtung Riedlingen. Haltestelle Bad Buchau/Hauptstraße (Fahrtzeit: 20 Min.)

Kuriositäten in der Nähe:
• Öchslebahn – historische Schmalspurbahn zwischen Ochsenhausen und Warthausen

Kratzbürsten und Besen

Der größte Besen der Welt in Bad Schussenried

Neue Besen kehren gut – und die Besen und Bürsten aus der Bürstenmacherei in Bad Schussenried kehren auch besonders lange, denn die Bürstenbinderei ist die letzte, in der man zusehen kann, wie Bürsten mit traditionellem, haltbarem Schlingenzug hergestellt werden. Die Haare werden als Schlaufe durch die konischen Löcher im Holz gezogen und hinten mit einem stabilen Draht vernäht. Somit können sich die Borsten nicht mehr lösen – höchstens abkehren, doch das dauert selbst bei Schwaben Jahrzehnte. Kaputte Bürsten müssen nicht in den Müll wandern. Liane Scharnefski-Karle, die das Handwerk als eine der Letzten ihrer Zunft noch gelernt hat, ersetzt die Borsten. Ihr Mann vergoldet die Griffe neu oder restauriert verbogene Silberbeschläge an edlen Kehrbestecken.

Verarbeitet werden die unterschiedlichsten Haare. Aus Argentinien kommt das Rosshaar für Stubenbesen. Es wird erst gehechelt und gekocht, ehe es verarbeitet werden kann, denn das Kochen streckt die Haare. Das Ziegenhaar ist chinesisch und die Schweineborsten stammen aus Südostasien, wo die Schweine extra acht bis zehn Jahre lang gefüttert werden, bis die Borsten die richtige Länge und Dicke besitzen. Momentan sind Yakhaare bei Bürsten der Renner. Für Steinbacköfen werden Besen aus den Fasern der Agave angefertigt, da diese hitzebeständig sind.

Haarpflege

Ziegenhaare, Dachshaare oder Rosshaare sind genauso aufgebaut wie unser Haar. Man kann sie also auch so pflegen wie Menschenhaar.

Und es reagiert genauso: Nicht nur wir Menschen sehen furchtbar verlegen aus, wenn wir morgens aufstehen. Auch eine Bürste stellt die Borsten, wenn man sie mit den Haaren nach unten aufbewahrt.

Eine staubige Bürste lässt sich wie Menschenhaar mit einem Kamm auskämmen und kann hin und wieder mit normalem Haarshampoo ausgewaschen werden. Um die Haare wieder zu trocknen, drückt man die Bürste in einem Handtuch aus und hängt sie an der frischen Luft oder im Zimmer kopfüber auf. Legen Sie Besen oder Bürsten zum Trocknen nie auf eine Heizung!

Die 140 Arten von Bürsten, die die Manufaktur anbietet, haben verschiedenste Einsatzbereiche. Die Kratzbürste ist dazu da, den Rücken zu schrubben und hat hierfür einen langen Stiel. Der Bienenfeger hilft beim Abstreifen von Bienenwaben. Staubpinsel aus Ziegenhaar leisten sich in erster Linie die Besitzer von Autohäusern, um den Lack dunkler Limousinen im Ausstellungsraum zu entstauben, ohne ihn zu verkratzen. In die Babyhaarbürsten aus hellem Ziegenhaar ist ein kleines Gesicht aus schwarzem Haar eingearbeitet. Das Bürstchen dient mehr der sanften Massage als der Pflege der noch spärlichen Haarpracht. Man kann bei Frau Scharnefski-Karle auch den eigenen Namen in eine Kleiderbürste knüpfen lassen, damit sie keiner klaut. Tastaturbürsten kommen in die kleinsten Ritzen. Ziegenhaarstaubbürsten dienen einsamen Damen als Katzenersatz, den man nicht füttern muss, oder um Gemälde mit Goldrahmen sanft zu entstauben. Rasierpinsel aus Dachshaar helfen die Haut sanft einzuschäumen und Nackenpinsel befreien nach dem Haarschnitt den Kragenbereich. Erotikpinsel verwenden die Liebhaber, deren Schatz die Stimulation durch den Dreitagebart als zu kratzig empfindet. Über die Funktion des Glatzenkamms darf indes noch gerätselt werden – entsprechende Hinweise sind willkommen.

Da ist der Zweck des weltgrößten, sechs Meter breiten Straßenbesens leichter zu beschreiben. Mit ihm könnte man zur Not auch eine Autobahn kehren, falls der Straßenmeisterei das Geld für Kehrautos ausgeht, doch in erster Linie sorgt er natürlich für Publicity – und für die Aufnahme in einen Kuriositätenführer wie diesen.

Adresse:
Liane Scharnefski-Karle
Bürstenmanufaktur
Klosterhof 13/1
88427 Bad Schussenried

Öffnungszeiten:
Di–Do 9–12 und 13.30–17.30 Uhr

Anfahrt mit öffentlichen Verkehrsmitteln:
Ab dem Bahnhof Bad Schussenried mit dem Regionalbus Linie 272 Richtung Riedlingen oder Bad Buchau, Haltestelle Alte Post (Fahrtzeit: 4 Min.)

Kuriositäten in der Nähe:
• Der drittgrößte Bergkristall der Welt in der Brauerei Schussenrieder
• Viersitziger Kinderwagen von 1860 in der Kutschensammlung in Bad Schussenried
• Etwa 1000 Bierkrüge im Bierkrugmuseum in Bad Schussenried

Wie süß!

Die Nudelmanufaktur in Bad Teinach

Dass Spaghetti nach Vanille schmecken, das kennt das Leckermaul bislang nur vom Spaghetti-Eis, doch nun gibt es Vanillenudeln, die man heiß verzehren kann, und die mit Erdbeersoße fast so aussehen, wie traditionelle Pasta Asciutta.

Und wenn in Zukunft braune Nudeln auf den Tisch kommen, dann müssen das auch keine gesunden, aber trockenen und geschmacksneutralen Vollkornspaghetti sein. Erst testen: Vielleicht sind es ja lecker-fruchtige Pflaumenteigwaren. Bei Dietrich Morlok stehen süße Mohnnudeln, Zimtnudeln und Schokonudeln im Regal, welche man natürlich statt in Salzwasser in Zuckerwasser kocht und die bei jedem Kindergeburtstag ein Renner sind. Auch Sportler lieben die Powerpasta – denn in den Nudeln stecken Kohlenhydrate pur – und sie schmecken auch ohne fettige, unsportliche Soßen.

Dietrich Morlok produziert in einer winzigen Manufaktur nicht nur Dessertnudeln: Kaum eine Zutat ist sicher davor, in einer Nudelmaschine zu landen. Über 270 Sorten stellt der Nudelmann her, manche darunter sind Dauerbrenner, andere saiso-

Pasta-Italienisch:

Bavette – schmale Bandnudeln
Cannelloni – große dicke Röhrennudeln, meist mit unterschiedlichen Zutaten gefüllt und dann im Ofen gebacken.
Capellini – die dünnsten aller Spaghetti
Fusilli – 2 bis 4 cm lange Nudeln in Korkenzieherform
Gnocchi – Kartoffelnocken, manchmal auch kleine, gewölbte Röhrennudeln
Maccheroni – lange dünne Röhrennudeln
Penne – kurze, an den Enden schräg geschnittene Röhrennudeln
Spaghettini – etwa 25 cm lange, besonders dünne Spaghetti
Tagliatelle – ca. 25 cm lange Bandnudeln
Tortellini – Nudelringe mit Füllung
Tubettini – kurze, dünne Nudelstückchen mit Hohlraum

nale Spezialitäten. Und die Ideen für Neukreationen gehen dem Nudelkünstler nicht aus. So gibt es Nudeln mit Bärlauch, mit Schabzigerklee, Nudelnestchen mit Safran-, Spitzmorchel- oder Knoblauchgeschmack, Spaghetti, in denen Seealgen oder Meerrettich verarbeitet wurden, Kresse-Fusilli und Bandnudeln in leuchtendem Pink mit Rote Beete, in fröhlichem Orange mit Karotten und in hellem Grün mit Rucola und Thymian. Die Gemüse werden frisch püriert in den Nudelteig gegeben. Künstliche Aromastoffe kommen nicht in die (Nudel-)Tüte.

Die Pasta aus Bad Teinach ist bei Faulpelzen beliebt, denn durch den Eigengeschmack der Nudeln ist es überflüssig, sich bei der Soße allzu sehr abzumühen: Ein bisschen Sahne drüber – fertig! Bei den süßen Nudeln darf es auch etwas Eierlikör sein. Das macht das Menü noch fröhlich-beschwingter.

Hergestellt wird nur so viel, wie im Regal Platz hat oder online bestellt wurde – und nie mehr als 60 Kilogramm pro Tag. Eine größere Kapazität ist nicht vorhanden und es gibt nicht mehr Raum, um die Nudeln 12 bis 15 Stunden trocknen zu lassen. Dietrich Morlok will nicht expandieren. Er will den Laden überschaubar halten. Dabei hat er sich früher beruflich in einem Verlag mit Kalkulationen befasst. Aber dann steckte er eines Morgens mit dem Auto auf dem Weg zur Arbeit im Stau und hatte seinen Alltag satt. Er sehnte sich danach, in einem kleinen Ort zu arbeiten, statt wertvolle Lebenszeit auf Straßen zu vertrödeln. Und so wurde mitten im Stau die Idee geboren, beruflich etwas ganz Neues zu beginnen. Er kaufte die Nudelmaschine und das Entfeuchtungsgerät und belegte Kochkurse, in denen es um Nudeln ging – und er hatte Spaß am Ausprobieren neuer Geschmacksrichtungen. Das Verkaufen im gemütlich eingerichteten Laden ist ihm allemal lieber als das Sitzen im Büro.

Adresse:
Badstraße 19
75385 Bad Teinach
Tel. 0 70 53/9 10 92
E-Mail: service@badteinacher.de

Anfahrt mit öffentlichen Verkehrsmitteln:
Ab Bahnhof Bad Teinach mit dem Bus 360 bis Haltestelle Edeka (Fahrtzeit: 5 Min.)

Kuriositäten in der Nähe:
• Kamelhof in Rotfelden
• Nostalgische Schuhspanner in der Heimatstube Albert Reichardt in Neubulach
• Waldspielweg in Neuweiler-Zwerenberg
• Lehrbienenstand in Neuweiler-Oberkollwangen

Langsame Leckereien
Kings Schneckengarten

Eine unglaubliche Anzahl von Schnecken, genauer gesagt Weinbergschnecken der Art Helix
pomatia, bekommt man in Kings Schnecken-
garten bei Bad Wurzach zu sehen. In 42 Parzellen wachsen Tausende von ihnen
heran, trotzdem geht es hier ruhig und gemütlich zu und in trauter Gemeinsamkeit
fressen sich die Kriechtiere an Wildkräutern und Pflanzen wie Zichorie, Rüben,
Mangold, Markstammkohl, Erbsen, Sonnenblumen und Bohnen satt. Man kann
dabei sogar zuhören! Wenn eine Schnecke mit ihrer Zunge das Stück eines Blattes
ergreift und mit dem Oberkiefer abschneidet, ist das Raspeln deutlich hörbar.
Es geht den Tieren bei Kings offensichtlich gut, denn sie werden konsequent ökologisch aufgezogen – ein Schneckenparadies gewissermaßen, bis sie dann im Alter
von zwei Jahren schlachtreif sind und „geerntet" werden können. Kings Schnecken-
garten beliefert mit seinen Erzeugnissen Gastronomiebetriebe, Partyservices, aber
auch private Feinschmecker. Erhältlich sind die Weinbergschnecken lebend von

Schnirkelschneckensex – ein schlüpfriges Vergnügen

Unsere Weinbergschnecke ist die bestuntersuchte Art aus der Gruppe der Schnirkelschne-
cken. Die Zoologen wissen über ihren Jahres-Rhythmus und ihr Liebesleben bestens Be-
scheid. Den Winter überdauert die Weinbergschnecke 30 Zentimeter tief in der Erde, wobei
sie die Öffnung ihres Hauses mit einem Winterdeckel verschlossen hält. Im Frühling kommt
sie an die Erdoberfläche zurück und an feuchten Tagen im Mai oder Juni kommt es zur
Paarung. Schnecken sind zweigeschlechtlich, also Männchen und Weibchen zugleich. Zum
Sex kuscheln sich die Schnecken Sohle an Sohle aneinander und bohren sich gegenseitig
kleine, scharfe Kalkdolche, die man Liebespfeile nennt, in den Körper. Damit erregen sich
die Schnecken. Nicht bei jedem Paarungsakt kommt ein solcher Dolch zum Einsatz, denn
Schnecken paaren sich so oft, dass sie zwischen zwei Stelldichein häufig nicht genug Zeit
haben, einen neuen Liebespfeil zu produzieren. Während des Aktes, der oft wie ein Ring-
kampf aussieht, tauschen die Schnecken ein ca. 10 cm langes Samenpaket untereinander
aus. Die drei Millimeter großen Eier legen die Schnecken nach der Befruchtung in einem
gegrabenen Erdloch ab, wo nach knapp einem Monat vollständig ausgebildete, zarte, winzige Schneckchen schlüpfen.

April bis Oktober, verdeckelt von November bis März und ganzjährig in Gläsern oder tiefgefroren. Keine Angst: Die kleinen „Schleimer" aus der Konserve sind schon mit Essigwasser von ihrer glibberigen Hülle befreit worden.

Für Helix pomatia à la Gourmet gibt es die unterschiedlichsten Zubereitungsvarianten. Nicht nur in der bekannten Kräuterbutterversion sind sie eine traditionelle Speise am Aschermittwoch. Zubereitet als Ragout in Pastetchen oder auf einer Folienkartoffel überzeugen sie als Gaumenschmaus, wobei der Geschmack sehr mild ist und an Kalbfleisch erinnert. Mariniert oder in Bierteig frittiert, gekocht in Brühe und mit Kapern als Salat angerichtet oder als Füllung in Champignons – aus Schnecken lassen sich viele leckere, eiweißreiche Gerichte zaubern. Nicht zu Unrecht nennt man sie im Volksmund auch die „Schwäbische Auster".

Bereits im Mittelalter waren Schnecken beliebt. Weil die Kirche die Weichtiere weder als Fleisch noch als Fisch einordnet, wurden sie in den Klöstern zur Fastenzeit gerne aufgetischt. Schon vor Jahrhunderten wurden in der Gegend um Ulm herum und auf der Schwäbischen Alb Schneckengärten angelegt. In Indelhausen auf der Schwäbischen Alb gibt es als Reminiszenz an die lukullischen Einrichtungen sogar die Bronzestatue eines Schneckenhändlers zu sehen. Heute ist das Sammeln von frei lebenden Weinbergschnecken nicht mehr erlaubt. Sie stehen seit den 1970er Jahren unter Artenschutz. Die Bestände haben sich seit dieser Zeit erholt und man trifft die Bauchfüßer – wie man den biologischen Namen der Gastropoden korrekt übersetzt – wieder häufig in freier Wildbahn an.

Adresse:
Anton und Isabella King
Kimpfler 7
88410 Bad Wurzach
Tel. 0 75 64/10 16
E Mail: ant ki@t-online.de

Öffnungszeiten:
Termine von April bis Oktober nach telefonischer Vereinbarung

Anfahrt mit öffentlichen Verkehrsmitteln:
Ab Aulendorf Bahnhof mit RAB – Regionalbus Nr.7554 bis Bad Wurzach/Haidgau, Haltestelle Kimpfler (Fahrtzeit: 30 Min.)

Kuriositäten in der Nähe:
• Monte Alpaka, Erstbesteigen durch Reinhold Messner am 5.8.2007 im Erlebnistierpark in Bad Wurzach
• Torfbahn im Wurzacher Ried

Hast du einen Vogel?

Das Nistkastenmuseum in Ringschnait

Bei Gerhard Föhr piept's! Er ist der Besitzer des ersten und einzigen Nistkastenmuseums und hat nicht nur einen Vogel, sondern stellt gleich mehrere aus Porzellan aus. Anhand der Figuren kann man sich den Namen der häufigsten einheimischen Vogelarten einprägen. Viele davon sind selten geworden, weil ihr Lebensraum zerstört wurde oder weil die Vögel weniger Material zum Nestbau finden. Schwalben etwa lebten früher an fast jedem Stall. Sie fanden auf den unasphaltierten Wegen genügend Lehm zum Bau ihrer Nester. Heute jedoch ist es nicht leicht für die Tiere, feuchte Erde zu finden – und schon ein vorbeifahrender Omnibus kann das Nest so erschüttern, dass es zerbricht und abfällt. Damit die Schwalben gefahrlos ihre Jungen aufziehen können, nehmen Sie gerne Nistschalen aus Beton an.

Auch andere Vögel ziehen ihre Brut gerne in Nisthilfen auf. Doch einige gut gemeinte Bastelarbeiten werden den Piepmätzen zum Verhängnis. In Kunststoffnistkästen etwa wird die Temperatur zu hoch und Feuchtigkeit sammelt sich im Innern: Ein ungesundes Klima für die Kleinen.

Der Blick nach Osten

Wer im Garten neue Mitbewohner sucht, der sollte das Quartier für die Vögel angenehm gestalten. Nistkästen müssen immer mit der Öffnung in östlicher oder südöstlicher Richtung aufgehängt werden. Sonst werden sie in der Regel leer bleiben. Die Höhe hängt von der Vogelart ab. Zaunkönige suchen niedrige, versteckte Kugeln im Gebüsch. Eulenkästen dagegen sollten 4 bis 6 Meter über dem Boden hängen.

An wen sich Ihr Wohnraumangebot richtet, hängt entscheidend von der Einflugöffnung ab. Für Blau-, Sumpf-, Tannen- und Haubenmeisen, aber auch für Garten- und Waldbaumläufer hat sich eine Schlitzöffnung von 2 Zentimetern Breite und 5 Zentimetern Höhe bewährt. Für Kohlmeisen und Sperlinge ist ein rundes Einflugloch von 32 Millimetern Durchmesser geeignet, für Stare muss es 45 mm Durchmesser haben.

Untermieter bekommt der Nistkastenbesitzer in der Regel mit dazu. Motten, Aas- und Speckkäfer ernähren sich von dem, was im Nistkasten abfällt. Mit dem Nistmaterial gelangen Trauerfliegenlarven, Springschwänze und Asseln ins Brutquartier. In Ritzen und Spalten hausen Schild- und Lederzecken. Daher sollte man zum Reinigen der Nistkästen Handschuhe tragen.

Gerhard Föhr zeigt in seinem Museum Nistkästen, von denen man als Vogel besser die Krallen lassen sollte, aber auch geräumige Nobelherbergen, in denen – kann man hoffen – glückliche Vogelkinder heranwachsen können.
100 Nistkastenmodelle sind zu sehen, darunter auch fragwürdige historische Exemplare, wie der Starentopf, mit dem man den Vögeln nicht helfen wollte, sondern in denen man sie fing, um Fleisch für die Suppe zu haben. Es gibt einen Nistkasten aus Autoreifen, der nicht gerade das ideale Brutklima bietet, einen Nistkasten mit Zählwerk, mit dem man das Brutpflegeverhalten der Einwohner statistisch erfassen kann, und klassische Holznistkästen, wie man sie heute noch findet.

Interessant ist auch die Ausstellung mit ausländischen Nistkästen, etwa einem aus Schilf geflochtenen aus Indonesien und einem Nistkorb für Zaunkönige aus Holland. Natürlich sind auch die Rolls Royce unter den Nistkästen ausgestellt: Markennistkästen aus Holzbeton der Firmen Schwegler, Hasselfeld und Weinhardt. Holzbeton ist eine Mischung aus Zement und Sägespäne. Die Nistkästen halten mehrere Jahrzehnte und sind für die Bruten wegen des guten Temperatur- und Feuchtigkeitsausgleiches sehr gut geeignet.

Wer kein Vermögen für Nistkästen ausgeben mag und dennoch gerne im Garten 'ne Meise kriegen möchte, der bekommt im Nistkastenmuseum auch Baupläne für den Eigenbau. Und wer keinen Garten hat, der darf mittels einer in einem Nistkasten eingebauten Infrarot-Kamera miterleben, wie die Jungen in den von Herrn Föhr aufgehängten Nistkästen gefüttert werden.

Adresse:
Vogelschutzinformationsstelle
Gerhard Föhr
Ummendorfer Straße 4
88400 Biberach a. d. Riß-Ringschnait
Tel. 0 73 52/25 79

Öffnungszeiten:
Die Öffnungszeiten ändern sich und können auf der Seite
www.nistkastenmuseum.de/Offnungszeiten/offnungszeiten.html aufgerufen werden

Anfahrt mit öffentlichen Verkehrsmitteln:
Ab dem Biberacher Bahnhof mit dem Regionalbus Linie 250 Richtung Egelsee Mitte;
Haltestelle Ringschnait Hirsch (Fahrtzeit: ca. 20 Min.)

Kuriositäten in der Nähe:
• Backenzahn eines Urpferdchens im Museum Biberach

Des Wahnsinns Reste heute

Der Museumsbunker in Bissingen

Der Museumsbunker von Bietigheim-Bissingen ist ein Teil der ehemaligen Neckar-Enz-Stellung, einer Befestigungslinie, die 1938 auf einer Länge von 90 Kilometern 450 militärische Bauwerke umfasste. Diese Verteidigungslinie sollte im Angriffsfall einen Teil der westlichen Reichsgrenze schützen. Durch den Bau des Westwalls verloren die Bunkeranlagen jedoch schon in den späten 1930er Jahren wieder an strategischer Bedeutung, sie wurden aber bis zum Ende des Krieges von Bunkerwarten „betreut". Beim Museumsbunker handelt es sich um den Typ RO 1, einen Maschinengewehr-Schartenstand mit Gruppe. Er verfügte über ein schweres Maschinengewehr, für dessen Bedienung fünf Mann im Bunker zuständig waren. Als Gruppe bezeichnete man eine Mannschaft, die aus dreizehn Soldaten bestand. Sie sollten im Angriffsfall im freien Feld in Stellung gehen. Zusätzlich war im RO 1 ein Zugführertrupp untergebracht. Dieser Trupp umfasste drei Mann. Insgesamt bestand die Besatzung des Bunkers aus 21 Personen, Schlafplätze gab es allerdings nur für 19 Soldaten. Kalkulierte man also von vornherein Verluste ein? Oder sollten sich die tapferen Mannen Betten teilen? Eng war es auf jeden Fall, die Ausmaße des Bauwerks betragen etwa zehn mal sieben Meter. In der letzten Kriegswoche wurde hier noch eine Volkssturmeinheit stationiert, zum Kämpfen kam sie glücklicherweise nicht mehr, man ergab sich vernünftiger Weise vorher den Franzosen.

Der Arbeitskreis Bunkerforschung des Bietigheim-Bissinger Geschichtsvereins hat in mühevoller Kleinarbeit seinen RO 1 restauriert und mit allem ausgestattet, was der damaligen Besatzung zur Verfügung stand. Die meisten Ausrüstungsgegenstände wurden nach dem Kriegsende verschrottet oder von der Not leidenden Bevölkerung weiterverwendet. Nach und nach trug man hier wieder zusammen, was zu einem ordentlichen Bunker gehört. Selbst die Bunkertoilette (ein Kübel mit Deckel) und ein kleiner Ofen fehlen nicht.

Auffallend ist das anheimelnd-wohnliche Eichenlaubdekor an den rund ein Meter dicken Betonwänden, das heute fast zynisch auf den Betrachter wirken mag. Naziparolen an den Wänden gibt es nicht zu sehen; aber Aufschriften und Bedienhinweise an Fernsprecheinrichtungen (Feind hört mit), Gasschleuse oder Maschinengewehrstand (Scharte nur zum Schießen öffnen) sind original erhalten. Für jeden Bunker der Neckar-Enz-Stellung gab es unterschiedliche Kampfbefehle, welche der

Symbolik der Eiche

Eichen haben gelappte, ledrige Blätter. Das Laub der bei uns häufigen Stileiche bleibt bis weit in den Herbst dunkelgrün. Deswegen sind die 10 Zentimeter langen Blätter auch zum Symbol für Ausdauer, Treue und Standhaftigkeit geworden. Seit Gründung des Deutschen Reiches 1871 ziert Eichenlaub auch als Zeichen der Nationalen Einheit Geldstücke, Orden und Kränze. Heute schmücken die Blätter die Rückseiten der deutschen 1-, 2- und 5-Cent-Münzen. Anders bei den Römern: Ihnen galt die Eiche wegen ihrer Früchte, den Eicheln, als Symbol männlicher Zeugungskraft – und so hat ja auch heute noch der empfindlichste Teil an des Mannes bestem Stück diesen Namen.

Befehlshaber im Ernstfall umzusetzen hatte. Man konnte nicht vorplanen, wer sich einmal in dem Schutz- und Angriffskämmerchen aufhalten würde – und so wurde der Kampfbefehl für den RO 1 gut lesbar ausgehängt – und hängt dort noch immer.

Eines fehlt aber den Männern vom Geschichtsverein nach wie vor. Die Bewaffnung ist nicht komplett. Karabiner 98? Vorhanden! Stielhandgranaten? Vorhanden! Panzerfaust? Natürlich vorhanden. Es fehlt nur noch das schwere Maschinengewehr – das sMG 34 für den großen Schlitten brauchen die Bunkerfreunde unbedingt noch. Also kann der Besucher des Bunkers für ein solches Spenden. 750 Euro soll die Replica dieser Waffe kosten. Am Eingang des Bunkers hat man eine Spendenbox aufgestellt … natürlich eine Munitionskiste.

Adresse:
Am Neckar unterhalb der Arnold-Jäger-Straße
Zugang über den Radweg am Enzufer (Langwiesenweg)
74321 Bietigheim-Bissingen

Öffnungszeiten:
Zu erfahren über den Geschichtsverein unter
www.geschichtsverein-bietigheim-bissingen.de

Anfahrt mit öffentlichen Verkehrsmitteln:
Ab dem Bietigheimer Bahnhof mit dem Bus 554 Richtung Untermberg, Haltestelle Bissingen-Grotzstraße (Fahrtzeit: ca. 10 Min.)

Kuriositäten in der Nähe:
• Plakatsäulen-Sonnenuhr im Sonnenuhrenpark in Pleidelsheim
• Sandbahngespann mit schwenkbarem Seitenwagen im Zweiradmuseum Pleidelsheim

Vielseitige, bunte Außenseiter

Die Sammlung von Charlotte Zander im Schloss Bönnigheim

Champagner Brut kennt man als einen edlen, herben Schaumwein. Was aber ist Art Brut? Wer das Museum in Bönnigheim besucht, der weiß es: Spritzige, herbe Kunst, in der Regel von Menschen, die sich keinen Champagner leisten konnten. Das Museum versammelt Kunst von Außenseitern, von Malerinnen und Malern, die Kunst nicht studiert haben und unbeeinflusst von den Strömungen der Moderne das in Bilder und Skulpturen umsetzten, was ihnen auszudrücken wichtig war. Es ist Außenseiterkunst, auch wenn heute die Werke des Pariser Zöllners Henri Rousseau mit ihren Tausenden von Grüntönen weltberühmt sind.

Wer Kunst an einer Akademie studiert hat, kennt die Regeln der Perspektive, der Größenverhältnisse, des Aufbaus und der Farbharmonien. Den Künstlern der Art Brut und der sogenannten naiven Malerei sind diese Lehren unbekannt. Die Bilder wirken authentisch, teils unbekümmert, teils ehrlich traurig.
Zu den Außenseitern in der Kunst und im Leben gehörte etwa Joze Tisnikar, ein slowenischer Leichenwäscher, der stets seinen gezähmten Raben auf der Schulter sitzen hatte und ihn auch wie besessen auf seinen Gemälden verewigte.
Ein besonderer Raum im Museum zeigt Werke aus dem Haus der Künstler in Gugging. Das Atelier ist aus einem psychiatrischen Krankenhaus hervorgegangen. Die Menschen, die hier Kunst schaffen, sind Außenseiter mit ihrer eigenen, individuellen Sicht der Welt. Sie malen, was sie umtreibt, von Autobildern über derbe, sexuelle Fantasien bis hin zu eng beschriebenen Blättern mit nicht gleich zugänglichen Assoziationsketten in der Art der konkreten Poesie.

Viele Bilder zeugen von zwanghaftem Maleifer, etwa die von Paul Humphrey, der Frauen aus Zeitschriften abmalte und ihnen als letztem Schritt zur Fertigstellung des Bildes die Augen wieder übermalte. Er schickte sie schlafen oder in den Tod. Erst mit 57 Jahren begann er zu malen, dann aber pausenlos. Der einsame Mann erfand sich ein Familienleben, aus dem er immer wieder erzählte, und Freunde, mit denen er seinen Alltag zu teilen vorgab. In Wirklichkeit saß er alleine und manisch vor der Leinwand. Hunderte „Schlafende Schönheiten" hat er geschaffen – einige davon hängen in Bönnigheim.

Bei manchen der ausgestellten Bilder ist unklar, wer sie schuf. Margarethe Held behauptete, der Gott Schiwa, eine Gottheit der „Inder und Mongolen", habe ihr beim Malen den Pinsel geführt. Er soll ihr auch die Kontaktaufnahme zu Toten – unter anderem ihrem an Fleischvergiftung gestorbenen Mann – ermöglicht haben. Heinrich Nüßlein, der fast 2000 Bilder in Trance und teilweise in absoluter Dunkelheit malte, hielt sich für ein Medium, das den Mitmenschen Wahrheiten aus dem Jenseits mit seinen Bildern übermitteln könne.

Nein, akademisch geprägte Kunstwerke sucht man in Bönnigheim vergebens, dafür findet man riesige Aktbilder des Zirkusartisten Camille Bombois, die alle seine dralle Frau zeigen. Oder wunderbare, simple, fröhliche Tierskulpturen aus Beton, die der Bergmann Erich Bödiker für seinen Garten anfertigte, nachdem er krankheitsbedingt in den Vorruhestand entlassen wurde. Max Raffler, der seine Katze unter dem Sternenhimmel sowie landwirtschaftliche Geräte und Kühe am Futtertrog mit Buntstiften zeichnete, war Landwirt am Ammersee. Eduard Odenthal, von dem knallig bunte, ausdrucksstarke Tierbilder mit Gedichten im Schloss Bönnigheim hängen, hatte eine Schlosserlehre absolviert. Nach dem Zweiten Weltkrieg sicherte er sich seinen Lebensunterhalt als Boxer, Teppichverkäufer und Schirmhändler. Seine Reime sind einfach und kindgerecht:

Primitivismus

„Man muss zeitlebens so sehen können, wie man als Kind die Welt ansah, denn der Verlust dieses Sehvermögens bedeutet gleichzeitig den Verlust jeden originalen Ausdrucks" behauptet der Maler Henri Matisse 1909.
Damals begannen sich die Künstler Europas gegen ein Malen nach festen Regeln aufzulehnen. Kunst soll nach Meinung der Künstler, die sich selbst „Wilde" nannten, widerspiegeln, was in der Seele geschieht – und nicht einfach die Natur abbilden. Sie verstanden Kunst als irrational, als einen Ausdruck von Trieben, von Gefühl. Sie wollten mit ihrer Kunst nichts mehr aussagen, sondern ihre Stimmungen ausdrücken. Und so begannen die Künstler und Kunstkenner Anfang des letzten Jahrhunderts diejenigen Künstler zu verehren, die unberührt waren von dem, was man an Kunstschulen lernte. Sie fanden ihre Vorbilder in der außereuropäischen Kunst, in dem, was von den Völkern hergestellt wurde, die man für „Primitive" hielt und in der sogenannten Volkskunst.
Die angeblich naive Kunst wurde zum Vorbild für die Kunstelite. In Deutschland waren es hauptsächliche die Künstler aus der Münchner Gruppe „Der blaue Reiter", die versuchten, ihr Ideal von der einfachen Kunst umzusetzen. Einige zogen aufs Land, um dort abseits des Kulturrummels zu leben und zu arbeiten. Berühmte Werke der Gruppe sind die Bilder mit farbigen Pferden, die Franz Marc malte, und die Reiter-Holzschnitte von Wassily Kandinsky.

„Die Giraffe ist ein schönes Tier
mit langem Hals und schnellen Beinen.
Das Fell ist ihre schönste Zier
und wehe tut sie keinem!"

Einige, anerkannte Vertreter der naiven Kunst konnten aber auch von ihren Werken leben, so die Künstler der Schule von Hlebine. In dem Kroatischen Dorf kopierten die Bauern als Nebenerwerb Heiligenbilder auf Glas und verkauften die leuchtenden Hinterglasbilder. 1930 kam der in Paris lebende Künstler Krsto Hegeduši ins Dorf und redete den Männern, unter ihnen Ivan Generalic aus, Bilder abzumalen. Er schlug ihnen vor, Dinge aus ihrer Umgebung als Motive zu wählen. Die Bilder zeigen eine große künstlerische Fertigkeit. Wenn man auf Glas arbeitet, so müssen zuerst die Schatten und winzigen Details gemalt werden, erst später die Umrisse und der Hintergrund. Das verlangt Vorausplanung bis ins Detail und entspricht daher eigentlich nicht dem Klischee von der spontanen, naiven Kunst.

Kuriositäten in der Nähe: Nachgeburtstopf in Bönnigheim

Neben einer Geheimbrennerei bietet das wenige Schritte vom Schloss entfernt gelegene Schnapsmuseum in Bönnigheim auch Nachgeburtstöpfe. Die ersten wurden 1984 in einem Abbruchhaus im Keller ausgegraben. Zuerst war unklar, wozu die danach in verschiedenen Häusern gefundenen, mit Deckeln versehenen Töpfe gedient haben mögen. Manche waren mit der Öffnung nach unten vergraben, andere mit einem Pfahl von oben durchbohrt. Eine chemische Analyse bestätigte die Vermutung: In den Töpfen wurde nach der Entbindung die Nachgeburt vergraben. Das Beerdigen der Plazenta sollte Unheil vom neugeborenen Kind fernhalten. Das Grab des Mutterkuchens durfte nicht von Sonne oder Mond beschienen werden: So wählte man den Kellerboden.

Die Sammlung in Bönnigheim ist ein buntes, bewegendes Ausflugsziel – auch für Kunstbanausen, die hier in guter Gesellschaft sind – denn Banausen im eigentlichen Sinne waren auch die meisten der ausgestellten Künstler.

Adresse:
Museum Charlotte Zander
Schloss Bönnigheim/Hauptstraße 15
74357 Bönnigheim
Tel. 0 71 43/42 26
E-Mail: Charlotte.Zander@Sammlung-Zander.de

Öffnungszeiten:
Di–Sa 11–15 Uhr, So 11–16 Uhr

Anfahrt mit öffentlichen Verkehrsmitteln:
Vom ZOB Bietigheim mit dem Bus 554 oder ab dem Bahnhof in Kirchheim/Neckar mit dem Bus 574 Richtung Bönnigheim; Haltestelle Hauptstraße

Kuriositäten in der Nähe:
• Nachgeburtstopf und Geheimbrennerei im Schnapsmuseum Bönnigheim
• In der Cyriakuskirche Bönnigheim erinnert ein Tafelbild an Barbara Schmotzerin (*1448), Mutter von 53 leiblichen Kindern
• Nagelmuseum Löchgau
• Blitzeschleudernder Jupiter auf der Gigantensäule in Walheim

Echte Scheiße aus den USA

Indianermuseum in Bretten-Diedelsheim

Wo kann man schon echte US-amerikanische Büffelscheiße bewundern: Das Indianermuseum in Diedelsheim dürfte das einzige deutsche Museum mit dieser Rarität sein. Die Kotklumpen sind Teil eines aufgebauten Winterszenarios, in dem ein Indianer neben einem Tipi auf ein ausgestopftes Bison schießt. Die Figuren sind extra für das Museum modelliert worden, denn es gab bis dahin keine Schaufensterpuppen mit indianischen Gesichtern, die man für die Präsentation hätte verwenden können.

Die Creek-Indianer haben Thomas Merbt wegen des Interesses an ihrer Kultur adoptiert. Er hat den Namen „umgekrempelter Apfel" verliehen bekommen, da er, im Gegensatz zu den Rothäuten, außen weiß ist, wobei dennoch rotes Blut durch seine Adern fließt. Über 2000 Gegenstände hat er mit in Deutschland stationierten Soldaten getauscht. Diese wollten oft einen Wehrmachtshelm oder andere deutsche „Geschichtssplitter" mit in die Neue Welt nehmen und besorgten im Gegenzug für Merbt Gegenstände von Indianern, Goldwäschern, Cowboys und Soldaten.
Viel Wissenswertes kann man außerdem erfahren. So schwingen in Cowboyfilmen immer Weiße das Lasso, doch ein Fünftel aller Cowboys waren indigene Amerikaner. Und im Zweiten Weltkrieg waren zwar die Generäle weiß, das Wissen der Indianer war dennoch gefragt, wenn es darum ging, Nachrichten in Sprachen zu versenden, die in Europa kein Mensch verstehen konnte. Indianer waren als Funker eingeteilt.

Wie die Indianer die Naturmaterialien ihrer Umwelt zu nutzen verstanden, zeigen die Schuhe aus Birkenrinde, das einzige in Deutschland ausgestellte Boot aus Tortora-Binsen und ein Schraubstock, der zwei Hölzer aneinanderpresst, während das die Teile zusammenhaltende, nasse Leder trocknet. Andererseits verwendeten die Indianer auch Zivilisationsabfälle für Ihre Gebrauchsgüter. An einen Fruchtsammelkorb sind unten Klappern aus Konservendosen angebracht, was Giftschlangen vertreiben soll, die man im hohen Gras

Dickschädelige Riesen

Bisons sind die größten Landsäugetiere Amerikas. Die Männchen wiegen über 800 Kilogramm, die Weibchen 550. Die bärtigen Tiere mit zottigen Haaren an Kopf, Hals und Schultern und einem breiten, kurzen Schädel lebten bis ins 19. Jahrhundert in riesigen Herden auf den großen Ebenen Nordamerikas. 90 Millionen Tiere sollen es gewesen sein. Viele Indianer lebten von der Bisonjagd. Die „Indianerbüffel" lieferten Fleisch, Häute und Felle für Zelte und Kleidung. Um Platz für Farmen zu schaffen und um den Indianern ihre Lebensgrundlage zu entziehen, wurden die Bisonherden planmäßig vernichtet. Zwischen 1872 und 1874 wurden allein drei Millionen der Landsäugetiere abgeschossen.

leicht übersieht. Ein rituelles Leder-Kleid, das die Mädchen der Apachen bei ihrem Übergangsritus trugen, ist mit Metallglöckchen bestickt, die aus Schnupftabakdeckeln gedreht wurden. Unter den lustigen Ausstellungsstücken aus dem nördlichen Kanada ist eine Umstandshose der Inuit mit Beinen aus Seehundfell und einem rot gesteppten, verstellbaren Lederballon als Leibteil.

Übrigens: Wissen Sie, was das Land wert ist, auf dem New York steht? Wenn man die heutigen Grundstückspreise kennt, ist es grotesk, im Indianermuseum die kleinen Porzellanperlen zu sehen, mit denen die Holländer den Manhatts-Indianern ihr Land abkauften. Die weißen Perlen aus Delft sind mit blauen Windmühlen- und Blumenmotiven blau bemalt und wurden um 1900 bei der heutigen nordamerikanischen Millionenstadt ausgegraben.

Adresse:
Indianermuseum Bretten
Steinzeugstraße 33–35
75015 Bretten-Diedelsheim
Tel. 0 72 52/96 57 58

Öffnungszeiten:
Ab Ostern bis Ende September Di–So 14–18 Uhr; Oktober bis März Sa, So u. Feiertage 14–17 Uhr.

Anfahrt mit öffentlichen Verkehrsmitteln:
Ab Mühlacker oder Bruchsal mit der S-Bahn S9 nach Bretten

Kuriositäten in der Nähe:
• Deutsches Schutzengelmuseum in Bretten

Musikkonserven aus der Zeit vor mp3

Deutsches Musikautomatenmuseum in Bruchsal

Das Deutsche Musikautomatenmuseum zeigt, wie man sich in der Zeit vor der Erfindung von Schallplatten und Tonbändern an Musik erfreuen konnte, ohne selbst ein Instrument zu spielen oder gleich ein Orchester zu engagieren.

Konrad Adenauer etwa, der erste Bundeskanzler der Bundesrepublik Deutschland, liebte zwar Klaviermusik, war aber kein Tastenvirtuose. So kaufte er sich eine Phonola, einen 1926 hergestellten Flügel der Firma Hupfeld. Zum Betätigen einer Phonola bzw. eines Pianolas legte der „Musizierende" eine Notenrolle ein, setzte sich vor das Instrument und betätigte zwei Pedale, ähnlich wie bei einem Harmonium. Durch diese Fußtritte wurde über zwei große Blase-Bälge ein Vakuum erzeugt, das zum einen den Mechanismus antrieb, der die Notenrolle mit konstanter Geschwindigkeit über den Gleitblock zogt, zum anderen die entsprechenden Hämmer des Klaviers durch ein Vakuum nach unten gesaugt. Die Melodie ist in die Notenrolle als Lochmuster eingestanzt. Die Auswahl an Stücken war unendlich groß. Man konnte Aufnahmen berühmter Pianisten nachspielen, die ihre Werke in Notenrollen festhalten ließen.

Die Firma Hupfeld stellte auch das „achte Weltwunder" her – zumindest erhielt die Firma diese Auszeichnung auf der Weltausstellung in Brüssel 1909 für die „Phololiszt-Violina", von der ein Exemplar in Bruchsal steht. Orgeln oder andere Tasteninstrumente und Schlagzeuge automatisch zu betreiben, war nicht allzu schwer, aber wie sollte ein BaseBalg Geigen zum Klingen bringen? Die Lösung bestand in einem Kreisbogen aus knotenlos gesponnenem Pferdehaar. In der Mitte des Bogens sind drei Violinen angebracht, die pneumatisch an den Bogen gedrückt werden.

Viele Musikautomaten standen in Wirtshäusern, Nachtbars oder in den Salons reicher Bürger, aber auch der Adel freute sich an der Musik aus der Konserve. Das italienische Könighaus Savoyen verzichtete seit 1903 auf eine Kapelle – es kaufte ein **Orchestrion Walküre der Firma** Imhof & Muckle, das mit seiner Klangstärke 40 Musiker ersetzt und bei Staatsempfängen die entsprechenden Nationalhymnen spielen konnte. Die Melodien werden von einer Kartonnotenrolle gelesen. Das Instrument verfügt über 93 Klangstäbe, 335 Orgelpfeifen in 17 Registern, ein Klavier, ein Schlagzeug und ein Glockenspiel. Nachdem es lange Jahre in einem Kloster als Kleiderschrank gedient hat, ist es heute im Museum in Bruchsal zu sehen.

Ebenfalls sehr klangmächtig ist das Tanzorchestrion der Gebrüder Decap aus Belgien. Die riesigen Automaten konnten große Tanzsäle beschallen, waren also eine Art mobile Diskothek. Besitzer von großen Räumen konnten eine „Jazz-Organ" für eine Veranstaltung mieten. Sie wurde geliefert, zusammengebaut, spielte einen Abend lang zum Tanz auf, ohne dass die Musiker eine Pause verlangten, und am kommenden Tag wieder zum nächsten Dorfevent weitertransportiert. Das Orchestrion in Bruchsal verfügt über eine Orgel, zwei Akkordeons, ein Saxophon und ein Schlagzeug. Die Kartonnotenrolle hatte genug Musik für einen ganzen Abend zu bieten, ohne dass man das Kartonbuch hätte wechseln müssen. Die Beleuchtung ist farbenprächtig und mindestens so schrill wie die Musik.

Eine weitere Rarität, für die sich der Weg nach Bruchsal lohnt, ist ein Wurlitzer-Stummfilmorchestrion. Ein Bediener ließ die programmierte Musik abspielen und erzeugte dazu Geräuscheffekte: Pferdegetrappel, Autohupe, Straßenbahnklingeln, Vogelgezwitscher und noch eine Menge mehr.

Kompositionen für mechanische Instrumente

Nicht immer spielten die Musikautomaten Musik, die ursprünglich für Musiker mit Haut und Haaren komponiert worden waren. Sogar Wolfgang Amadeus Mozart, Ludwig van Beethoven und Joseph Haydn komponierten Stücke für Flötenuhren und Pianolas. Ein automatisches Klavier kann natürlich beliebig viele Tasten gleichzeitig anschlagen und der Komponist muss nicht darauf achten, dass die verwendeten Töne auf der Tastatur nahe genug beieinander liegen, um mit den Fingern einer Hand gleichzeitig erreichbar zu sein. Auch geübte Orgelspieler quälen sich heute mit Mozarts f-Moll-Fantasie KV 594, doch sie war nicht für Menschenhand komponiert, sondern für eine mechanische Orgel: „Ein Stück für ein Orgelwerk in einer Uhr" lautet eine undatierte handschriftliche Eintragung Mozarts.
Eine Flötenuhr im Bruchsaler Museum wurde wohl von Napoleon nach dessen Kaiserkrönung als Geschenk für die Herzogin von Bordeaux in Auftrag gegeben. Sie spielt acht von Haydn eigens für Flötenorgel komponierte Melodien. Friedrich II. von Preußen sah in den mechanischen Instrumenten einen möglichen Exportschlager, förderte den Orgelbau und war daran interessiert, dass sie auch attraktive Melodien erhielten.

Musikautomaten waren auch auf Jahrmärkten sehr beliebt, zunächst als einfache Drehorgeln, von denen in Bruchsal wunderschöne Exemplare zu bestaunen sind. Doch auch bei den Jahrmarktsorgeln schritt die Technik fort. Ein Jahrmarktsstar war Tino Rossi – als lebender Chanson-Sänger, aber auch als mechanisch betriebener Doppelgänger, der mit einem dunkelhäutigen Schlagzeuger auftritt. Beide Figuren zeigen eine verblüffend echte Mimik, ziehen die Augenbrauen hoch und bewegen den Mund. Auch ihre Gesichtsmuskeln werden per Papierrolle gesteuert. Auf der Jahrmarktsorgel, die 1912 nach Conny Island geliefert wurde und zu einem Karussell gehörte, heute aber im Museum steht, bewegt sich eine ganze Militärkapelle zur Automatenmusik. Ob der Hersteller aus dem Schwarzwald dafür jemals vollständig bezahlt wurde, ist unklar. Im Ersten Weltkrieg wurden die Ratenzahlungen nach Deutschland eingestellt.

Das Museum in Bruchsal zeigt noch viele weitere faszinierende „Tonträger" und ihre Abspielgeräte: Es gibt Singvogelautomaten zu sehen, mit deren Hilfe feine Damen ihren Kanarienvögeln Melodien beizubringen versuchten, Sekretäre mit eingebauter Orgel, wie sie in Wien in 60 Werkstätten hergestellt wurden, eine Spieluhr aus der Schweiz, die neben der musikalischen Unterhaltung Hütchentricks vorführt, die älteste Kuckucksuhr der Welt und einen Bahnhofsautomaten, der die Puppen tanzen lässt. Es gibt Spieldosen und Flötenuhren zu betrachten und zu belauschen.

Unsere Empfehlung: Schließen Sie sich einer Führung an, zum einen können Sie nur dann die Automaten klanglich erleben, zum anderen dürfen Sie auch selbst mal in die Automatenpedale treten. Ohne Fleiß kein Funktionsbeweis!

Stiftwalzen

Jedes automatische Instrument braucht ein Speichermedium, auf dem die Melodien festgehalten und von dem sie wiedergegeben werden können. Üblich sind gelochte Kartons oder Scheiben oder die noch ältere Technik, Stiftwalzen anzufertigen. Die Stiftwalze wurde vor etwa 1200 Jahren in Bagdad entwickelt. Über 1000 Jahre lang blieb sie der beliebteste Programmträger. Für jeden programmierten Ton ist ein Metallstift in eine Rolle eingeschlagen. Der Antrieb von Stiftwalzen kann – wie bei vielen Spieldosen – mit einer Handkurbel geschehen, von Uhrwerken mit aufgezogener Feder oder elektrisch. Durch Kipphebel werden die Stifte abgetastet und der gewünschte Ton erzeugt. Bei Spieluhren sind es kleine Metallzungen, die durch die Stifte der Walze in Schwingung versetzt werden. Eine Walze hat meist ein Repertoire von sechs Stücken. In Europa wurden Stiftwalzen vor allem in strukturschwachen Regionen gefertigt. Wo der Bauernhof eine Familie nicht ernähren konnte – im Schwarzwald, in der Schweiz oder im Vogtland –, da legten die Frauen in Heimarbeit nach vom Notenzeichner vorgegebenen Zeichnungen die Stiftchen in die Walzen ein und trugen so zum Familienverdienst bei. Es handelt sich um Präzisionsarbeit. Oft stehen die einzelnen Stifte nur einen Millimeter vor und bis zu 40 000 Drahtstiftchen müssen befestigt werden, ehe ein Lied gesetzt ist.

Adresse:
Schloss Bruchsal
76646 Bruchsal

Öffnungszeiten:
Di–So 10–17 Uhr, Mo nur an Feiertagen; Führungen um 11, 14 und 15.30 Uhr

Anfahrt mit öffentlichen Verkehrsmitteln:
Ab dem Bruchsaler Bahnhof mit den Regionalbussen 123, 125 oder 131
bis Haltestelle Bruchsal/Schloss (Fahrtzeit: 5 Min.)

Kuriositäten in der Nähe:
• Kindergartenmuseum in der Fachschule für Sozialpädagogik in Bruchsal
• Vergessene Obstsorten im Streuobstmuseum Bruchsal
• Propellerflügel eines abgestürzten Jägers Me 109 als Museumsexponat
im Heimatmuseum Graben-Neudorf

Killers Stolz

Sonntagspeitschen in Burladingen

Keine Angst: Das Peitschenmuseum im mit dem martialischen Ortsnamen beschrifteten malerischen Bahnhofsgebäude in Killer ist kein Treffpunkt für Masochisten – und die meisten ausgestellten Peitschen dienten nicht dazu, Menschen zu züchtigen, sondern Zugtiere anzutreiben. Eine Ausnahme bildet nur der Rohrstock für Lehrer.

Killer war lange eine Hochburg der Peitschenherstellung, da im recht engen Killertal keine ertragreiche Landwirtschaft möglich war. Täglich wurden in nahezu allen Häusern des Ortes bis zu 5000 Peitschen hergestellt und von Kaufleuten in aller Welt vertrieben; um 1700 ist dokumentiert, dass selbst der Dorfschullehrer „nebenher" Peitschen fertigte. Die Produktion verschlang so viel Holz, dass es in Burladingen schon 1748 bei Strafe verboten war, Holz für die Peitschenherstellung zu schlagen. Doch die Peitschenhändler, welche die Peitschen aus Killer in alle Welt brachten, entdeckten in den Häfen einen brauchbaren Ersatz für das rare Holz: Manilarohr. Dieses bambusartige Material wurde als Schiffsballast verwendet und kam so nach Europa. Dort lag es als Abfall an den Häfen und war auf der Reise durchgetrocknet. Fortan stellte man in Burladingen Peitschen aus diesen außen hochelastischen Halmen her, die innen mühsam ausgehöhlt werden mussten. Im Peitschenmuseum kann man noch eine vollständig funktionstüchtige Peitschenwerkstatt und alle Maschinen bestaunen, die zum Herstellen der Peitschen notwendig waren.

Die Rollen in Killer waren streng verteilt. Die Männer arbeiteten in der Peitschenherstellung, die Frauen stellten Ohrenkappen für Pferde in Heimarbeit her. Wer bei der nächsten WM mal nicht im Autokonvoi fähnchenschwingend hupen möchte, dem empfiehlt sich, sein Pferd mit den netten Ohrenkappen in Schwarz-Rot-Gold zu schmücken und mitzureiten. Ohrenkappen und Peitschen kann man im Museum immer noch kaufen. Hauptkunden sind Faschingsvereine, die mit Peitschenknall durch die Straßen ziehen möchten.

Kernstück des von Georg Simmendinger zusammengetragenen Museums ist die Mustersammlung eines Händlers, der mit einem Sortiment Miniaturpeitschchen durch die Länder zog und die unterschiedlichen

Modelle anpries. Auf Bestellung wurden sie dann in größeren Stückzahlen hergestellt. Das billigste Modell war der Judenstecher, der hauptsächlich von Hausierern in Osteuropa vertrieben wurde, die häufig jüdischen Glaubens waren, was den Peitschen ihren Namen gab. Ein Luxus waren die teuren Sonntagspeitschen mit kunstvoller Garnumwicklung; eine teure Peitsche war das Statussymbol reicher Bauern, die sie über die Türe hängten und lediglich am Sonntag zur Kirchfahrt verwendeten.

Neben den Burladinger Peitschen gibt es im kleinen Bahnhofsgebäude Peitschen aus aller Welt zu sehen: Unter anderem eine Cowboypeitsche und eine afghanische Kamelpeitsche.

Das Ende der Peitschenherstellung in Hohenzollern bahnte sich schon nach dem Zweiten Weltkrieg an, als man keine Peitschen mehr nach Osteuropa verkaufen konnte und die Landwirtschaft zunehmend motorisiert wurde. Die Killer versuchten sich noch einige Jahrzehnte ohne großen Erfolg in der Herstellung von Krawatten oder Lederwaren, bis 1978 die letzte Peitschenfabrik endgültig schließen musste. So war das Schicksal auch dieses alten Handwerks besiegelt, in Burladingen-Killer ist es trotzdem durch das Peitschenmuseum stets präsent und auch im Ortswappen ist natürlich eine Peitsche zu sehen.

Adresse:
Deutsches Peitschenmuseum des Heimatvereins Killer e.V.
Am Peitschenmuseum 1
72393 Burladingen-Killer
Tel. 07 00/19 93 19 93
E-Mail: info@peitschenmuseum.de

Öffnungszeiten:
Jeden ersten Sonntag des Monats von Mai bis Oktober 10–17 Uhr;
Sonderöffnungen oder Führungen sind jederzeit auf Anfrage möglich

Anfahrt mit öffentlichen Verkehrsmitteln:
Ab Sigmaringen oder Hechingen mit der Hohenzollerischen Landesbahn bis Killer. Das Museum befindet sich im Bahnhofsgebäude (Fahrtzeit ab Sigmaringen 1 Std., ab Hechingen 12 Min.)

Kuriositäten in der Nähe:
• Historische Auto-Kalender im Oldtimermuseum Zollernalb in Hechingen
• Gestrickte Unterwäsche im Maschenmuseum Albstadt-Tailfingen
• Nähmaschinenmuseum in Albstadt-Lautlingen

Nicht kurios!

Die Exklave Büsingen am Hochrhein

Büsingen ist nicht kurios! Das steht auf der Internetseite der Gemeinde. Büsingen sei kein Unikum, sondern in erster Linie für die Büsinger Heimat.

Und doch: das Dörfchen am Rhein wird immer wieder verdächtigt, sonderbar zu sein, denn es hat eine ungewöhnliche Stellung. In seiner Ortsmitte stehen nebeneinander eine deutsche und eine Schweizer Telefonzelle. Man kann sich frei entscheiden, ob man auf seinen Brief deutsche Briefmarken klebt oder lieber in Rappen frankiert – und die Eltern entscheiden nach der Grundschule, ob die Kinder in eine deutsche oder Schweizer Schule gehen sollen. Bis zu 10 Schweizer Polizisten dürfen sich gleichzeitig in Büsingen aufhalten und dort auch Personen festnehmen. Deutsche Polizisten dürfen ebenfalls in Büsingen kontrollieren, dürfen auf ihrem Weg ins Dorf aber nur in einem Staatsvertrag genau festgelegte Wege benützen.

Politisch gehört Büsingen zu Deutschland, obwohl viele Büsinger das nicht möchten. Schon vor 90 Jahren baten die Schweizer in einem Referendum darum, doch

Die Schweiz

Das Land mit seinen 7 Millionen Einwohnern ist gebirgig – neben den Alpen bildet der Schweizer Jura einen wichtigen Gebirgszug. Die meisten Besucher der Schweiz wollen Gipfel stürmen. Alleine das Matterhorn wird jährlich von etwa 3600 Menschen bestiegen. Der Schweizer des Klischees ist daher ein bärtiger Almöhi, der auf seiner Berghütte Käse macht. In Wirklichkeit spielt die Landwirtschaft in der Schweiz kaum mehr eine Rolle. Industrie, Handel und Tourismus bilden die Haupteinnahmequellen des reichen Landes. Bei den Eidgenossen werden hauptsächlich Schokolade, Uhren, Chemikalien und Medikamente produziert.

Drei Viertel aller Schweizer sprechen zwar deutsch, werden aber in Deutschland wegen ihres Dialekts oft schwer verstanden. In der Westschweiz haben die meisten Schweizer Französisch als Muttersprache, im Tessin spricht man in der Regel italienisch. In Graubünden gibt es neben italienischen Muttersprachlern noch eine Minderheit, die Rätoromanisch spricht.

endlich Teil der Schweiz zu werden, doch es fand sich kein Tauschobjekt. In den Fünfzigern versuchten sie erneut, Teil des Landes zu werden, das sie von allen Seiten umgibt, doch der Kreis Konstanz hat es untersagt. Und so haben die Büsinger weiter einen deutschen Pass, gehören aber wirtschaftlich zur Schweiz. Die wenigen Autos des Dorfes haben das seltene Kennzeichen BÜS und tanken an der billigsten deutschen Tankstelle.

Viele Büsinger arbeiten in der Schweiz – und seit sie ihren Wohnort frei wählen können, sind viele Menschen im arbeitsfähigen Alter in die Schweizer Gemeinden der Umgebung gezogen. Sie möchten nicht länger ihr Schweizer Einkommen in Deutschland versteuern. Dennoch hatte Büsingen keinen Einwohnerschwund zu verzeichnen, lediglich das Durchschnittsalter stieg eindeutig. Was im Erwerbsleben ein Manko war, stellte sich für Rentner als Vorteil heraus: Die Schweizer Rente und das dort erwirtschaftete Vermögen werden in Deutschland geringer versteuert als auf Schweizer Territorium.

Von 1465 bis 1805 gehörte Büsingen zu Österreich. Auch als Österreich 1728 die umliegenden Dörfer an die Schweiz abtrat, bestanden die Österreicher – mehr als Provokation – weiter darauf, Büsingen zu behalten. 1805 wurde Büsingen württembergisch, fünf Jahre später badisch. Bis zum Ende des Ersten Weltkrieges funktionierte der Warenaustausch. Bauern aus Büsingen belieferten das nahe gelegene Schaffhausen und konnten auch Waren aus Deutschland bekommen. 1919 aber strafte Deutschland seine kleine Exklave mit einer Lebensmittelsperre. Die Schweiz sprang ein. Kein Wunder wünschen sich viele Büsinger bis heute, vollwertige Eidgenossen werden.

Adresse:
Gemeindeverwaltung
Junkerstraße 86
78266 Büsingen (Deutschland)
8238 Büsingen (Schweiz)

Anfahrt mit öffentlichen Verkehrsmitteln:
Ab Thayingen mit dem RVSH-Bus 25 Richtung Schaffhausen (Fahrtzeit: 13 Min.)

Kuriositäten in der Nähe:
• Knochen- und Gipsmühle in Stühlingen-Blumegg
• Elektrische Oma – Gerät zum Schaukeln von Kinderwagen im Landmaschinenmuseum in Stühlingen

Hergerichtete Richtstätte im Ruhestand

Das Schafott in Calw

Vom Wimberger Wanderparkplatz aus geht es auf dem Ostweg Richtung Zavelstein ca. 10 Minuten durch den Wald. Am Wegrand, auf einer kleinen Lichtung steht es: Das Schafott! Eine breite Treppe führt auf die runde Steinbühne. Nett hergerichtet, versehen mit neuem Hackklotz und Richtschwert wartet es … auf Besucher. Neben dem 1683 erstmals erwähnten Richtplatz lädt eine Bank zum Rasten und Nachdenken darüber ein, was einst hier geschah. Die letzte Vollstreckung eines Todesurteils fand an dem idyllischen Ort am 28. August 1818 statt, als die 26-jährige Mörderin Gertrud Pfeiflin mit dem Schwert vom Leben zum Tode gebracht werden sollte. Am Richtplatz angekommen, wurde die junge Frau ohnmächtig und musste zum Schafott getragen werden. Als die Bewusstlose auf einem Stuhl festgebunden worden war, machten Henkersknechte ihr den Hals frei, verbanden ihr die Augen und der Henker waltete seines Amtes.

Hinrichtungen waren damals noch öffentliche Schauspiele und so stellte man auch in Calw Gerüste auf, von denen aus zahlreiche Zuschauer – Erwachsene, aber auch Kinder, die extra schulfrei bekamen – dem grausigen Schauspiel zusehen konnten. Es galt für sie als lehrreich zuzusehen, wie Verbrecher einen Kopf kürzer gemacht wurden.

Das Haupt der Hingerichteten wurde, wie von den Gerichten beschlossen, auf einen Spieß gesteckt und öffentlich ausgestellt, „ihr selbst zur wohlverdienten Strafe, allen Anderen aber zum abschreckenden Beispiel und Andenken an das furchtbare Verbrechen." – so wie es zuvor auch in der Gnadenablehnung von Wilhelm I., König von Württemberg, gefordert worden war. Über Gertrud Pfeiflin fiel der Richtspruch, weil sie am 24. Juni 1817 die 60-jährige Anna Maria Blocher mit einem Beil erschlagen, sie ausgeraubt und ihre Leiche in der Roten Murg versenkt hatte.

Richtstätten

Das Calwer Schafott liegt an einer ungewöhnlichen Stelle, denn meist wurden zum Tode durch Enthaupten verurteilte Menschen in der Stadt auf einem zentralen Platz hingerichtet. Dazu errichtete man ein „Blutgerüst" aus Holz, das den Schaulustigen eine gute Sicht auf das Spektakel ermöglichte. Trommler, Pfeifer und Trompeter sorgten für das Rahmenprogramm, oft wurden Verbrechen, Gerichtsurteil und das letzte Gebet der Delinquenten in Schriftform zum Kauf angeboten. Nach Beendigung der Hinrichtung baute man alles wieder ab und nutzte den Platz wieder auf gewöhnliche Weise.

Ganz anders verhielt es sich mit dem Galgen, der sich immer außerhalb der Ortschaft befand. Gut zu sehen, oft an Zufahrtsstraßen auf Hügeln gelegen, baute man solide Konstruktionen aus Stein und Holz. Diese mussten auch einiges aushalten, denn man hängte mehrere Menschen dort am Hals auf und nahm sie nicht wieder ab. Verwesung, Tiere und die Witterung besorgten das Übrige. Dies diente der Mahnung aller, die in die Stadt kamen. Auf dem Galgenhügel befand sich oft auch das Rad. Beim „Rädern" – einer besonders grausamen Hinrichtungsmethode – wurden den Menschen mit System die Knochen zerschmettert, danach flocht man sie mit den Gliedern in ein Rad ein! Das Wagenrad wurde nun horizontal auf einem Pflock befestigt und der oft schon Tote wurde sich selbst überlassen. Ein ungeschriebenes Gesetz besagte, dass ein nach drei Tagen noch lebender Verurteilter vom Rade abgenommen werden konnte. Noch heute kennt man den Ausspruch: „Ich fühle mich wie gerädert".

Adresse:
Im Wald beim Stadtteil Calw-Wimberg

Info:
Stadtverwaltung Calw
Postfach 1361
75363 Calw
Tel. 0 70 51/96 88

Öffnungszeiten:
Ganzjährig frei zugänglich

Anfahrt mit öffentlichen Verkehrsmitteln:
Ab Calw Bus 630, Haltestelle Wimberg Lauber

Kuriositäten in der Nähe:
• Rockerbraut und Brandstifter als Brückenfiguren in Hirsau
• Begehbares Museum „Das Kalte Herz" im Schloss Neuenbürg

Bedenke, dass du sterblich bist!

Fresko in der Johanneskirche in Crailsheim

In Crailsheim gibt es Bilder zum Gruseln – und die dargestellten Leichen stammen aus keinem modernen Steven-King-Film. Sie wurden vor über 550 Jahren an die Wand gepinselt.

Um 1440, als die Johanneskirche mit Fresken ausgemalt wurde, waren Begegnungen zwischen Lebenden und Toten sicher häufiger als heute. Damals wurden die Verstorbenen direkt bei der Kirche beerdigt. Der Boden galt als geheiligt. Und damit viele Tote nahe an der Kirche liegen konnten, wurde nicht gewartet, bis die früher Beerdigten ganz verwest waren, sonder neue Tote wurden zu den alten in Massengräber gelegt. Der Anblick von Tod und Verwesung mag besonders nach der Pestepidemie für die Menschen in Crailsheim nicht so ungewöhnlich gewesen sein – und doch, und vielleicht sogar stärker als heute, machte der Tod Angst.

Die frühen Christen waren sich sicher: Die Toten werden auferstehen. Gott hat sie durch Christus erlöst. Diese Sicherheit war im 14. und 15. Jahrhundert nicht mehr da. Bürger versuchten ihr Seelenheil zu erkaufen, gaben Geld für den Kirchenbau oder kauften Ablassbriefe. Sie hatten Angst, vor dem, was ihnen von Predigern angedroht wurde: Bedenke, dass du sterben wirst und tue immer wieder Buße oder spende für die Kirche um nicht als Toter gerichtet zu werden. Der Tod wurde in den Köpfen der Gläubigen nicht mehr als Übergangsstadium zum Paradies gesehen, sondern immer mehr als Strafe.

Und auch die Wandmalereien der Johanneskirche haben diese Botschaft. Die Toten, die auf dem Fresko die drei lebenden Prinzen in einem mit Maiglöckchen und Lilien bepflanzten Garten besuchen, sind keine reinen Skelette, keine abstrakten Toten, sondern es sind Transis, tote Menschen im Zustand der Verwesung, zerfressen von Schlangen und Kröten. Schlangen kommen in der biblischen Geschichte vom Sündenfall vor und stehen auf Bildern für das Laster und die Sünde. Die Kröte taucht in christlichen Darstellungen immer wieder als Quälgeist aus der Hölle auf. Sie symbolisiert aber auch die Knauserigkeit. Die toten Könige, die in Crailsheim den Lebenden begegnen, sind also im Zustand der Sünde gestorben. Sie kommen möglicherweise zu ihren Verwandten, um diese zu warnen, damit sie umkehren und ihr Leben in Ordnung bringen, ehe es zu spät ist. Das Spruchband ist heute nicht mehr zu lesen. Vermutlich sagt es den lebenden Prinzen, die den Luxus genießen: „Was ihr seid, sind wir gewesen. Was wir sind, werdet ihr sein." Das Bild ist

Frische, alte Bilder: Freskomalerei

Die Freskotechnik verwendeten schon die vorchristlichen Kulturen. Die Farbpigmente wurden mit Wasser und gereinigtem Kalk gemischt und auf die noch feuchte, verputzte Fläche aufgetragen. Die Maler müssen schnell arbeiten und dürfen keine Fehler machen. Da die Farben hell und durchscheinend sind, kann man Fehler im Nachhinein nicht mehr verbessern. Der Maler braucht auch große Erfahrung, um schon beim Malen abschätzen zu können, wie sich die Farben beim Trocknen verändern. Einige werden blasser, andere bleiben kräftig.

Der Vorteil der Freskenmalerei ist ihre Haltbarkeit. Die aufgetragene Farbe bindet zusammen mit dem Putz ab und bildet eine Einheit. Das Bild kann nicht abblättern.

Mit Fresken wurden in der Antike Tempel und Privathäuser geschmückt. Im Mittelalter verwendete man diese Malerei vor allem in Kirchen. Später, in der Renaissance, ließen auch wieder Privatpersonen ihre Wohnräume mit Fresken dekorieren.

über der Türe angebracht und gab jedem Gottesdienstbesucher die Warnung vor der Strafe Gottes mit auf den Weg. Erst nachdem die Kirche fertig gestellt war, begann mit Luther und der Reformation wieder eine Zeit, in der die Kirche nicht die Angst, sondern die Freude am Leben und an den Opfern, die Gott nach Ansicht des neuen Glaubens für den Menschen gebracht habe, in den Mittelpunkt stellte.

Heute wirken die Fresken zwar erschreckend, aber auch modern. Erstaunlich fast, dass noch keine Gothic-Band die beinahe comicartigen Jenseitigen auf ihr CD-Cover gedruckt hat.

Adresse:
Johanneskirche
Kirchplatz
74564 Crailsheim

Öffnungszeiten:
Täglich geöffnet

Anfahrt mit öffentlichen Verkehrsmitteln:
Vom Bahnhof Crailsheim in 10 Minuten zu Fuß erreichbar.

Kuriositäten in der Nähe:
• Größte zusammenhängende Solaranlage Deutschlands im Wohn-Misch-Gebiet
• Hirtenwiesen in Crailsheim

Hut ab!

Das Fingerhutmuseum in Creglingen

Der Dichter Hans Sachs bedichtet in einer Beschreibung aller Berufe 1568 die Arbeit des Fingerhutmachers so:

Auß Messing mach ich Fingerhüt /
Blechweiß / werden im Feuwer glüt /
Denn in das Eysen glenck getriebn /
Darnach löchlein darein gehiebn /
Gar mancherly art / eng vnd weit /
Für Schuster vnd Schneider bereit /
Für Seidensticker vnd Näterin /
Deß Handwercks ich ein Meister bin.

Damals wurden die Fingerhüte in Einzelarbeit hergestellt. Die in Nürnberg ansässigen Meister produzierten wahre Kostbarkeiten, die Herren gerne der angebeteten Dame zum Geschenk machten. Nur Nürnberger Bürger durften das Handwerk in der Zunft lernen. Sie durften die Stadt danach aber nicht mehr ohne Erlaubnis verlassen und ihr Wissen anderswo weitergeben. Einige handgearbeitete Exemplare werden im Fingerhutmuseum in Creglingen ausgestellt.

Die Mehrzahl der Fingerhüte, die man in den Vitrinen im engen Keller gegenüber der Herrgottskirche bestaunen kann, stammt aber aus maschineller Herstellung. Grundstock der Sammlung bilden die Fingerhüte der Firma Gabler aus Schorndorf. Im Jahre 1900 stammten 80 Prozent des Weltbedarfs aus der Fabrik an der Rems. 4000 verschiedene Silberfingerhüte bot die Firma in 18 Größen an. 1962 musste die Firma jedoch schließen. Immer mehr Menschen kauften Kleider von der Stange und in der Wegwerfgesellschaft wurde daheim nicht mehr geflickt oder von Hand gestopft. Die Firma besaß ab 1824 eine Einwalzmaschine für die Vertiefungen, die verhindern sollen, dass die Nadel abrutscht, wenn man mit dem Fingerhut Druck ausübt. Der Silberschmied J. F. Gabler hatte die Maschine konstruiert. Die Produktionsstätte lag direkt an der Eisenbahnlinie, die ab 1899 sogar schon zweigleisig verlief. Direkt auf dem Firmengelände wurden die Fingerhüte in Waggons gepackt und auf die Reise geschickt. Nach Russland war von Schorndorf aus jeden Monat ein ganzer Waggon der Hütchen unterwegs.

Dabei hatten sich die Fingerhüter darum bemüht, mit der Zeit zu gehen. In Creglingen sind Fingerhüte im Kettenhemdendesign ausgestellt, Fingerhüte mit Hakenkreuz, einer gar aus der Vulkanasche von St. Helens. Fingerhüte erinnern an historische Ereignisse und wurden teilweise als Sammlerstücke statt für den Gebrauch hergestellt.

Kurios ist die Sammlung an Nähkästchen und Fingerhutbehältern. Da gibt es ein Reisenähzeug mit winzigen Scheren, eines mit Riechfläschchen, einen Fingerhut-

Zünfte

Im Mittelalter waren die Handwerksberufe in Zünften organisiert. Man konnte nicht die Arbeit erlernen, die man wollte und für die man sich geeignet fand, sondern junge Männer traten automatisch in die beruflichen Fußstapfen ihrer Väter. So wie nicht jeder das Recht hatte, Fingerhuter zu werden, so konnte auch nur derjenige Radmacher oder Weber werden, dessen Vorfahren dieses Handwerk schon betrieben hatten.

1337 wurde in Nürnberg die erste Zunft der Fingerhuter gegründet. Die Zunft bestimmte die Arbeitszeiten, die Dauer der Ausbildung, aber auch die Qualität und die Preise. Ein Fingerhuter durfte nicht billiger verkaufen als ein anderer, ein Bäcker nicht größere Brote anbieten als sein Nachbar. Die Zünfte hatten auch religiöse, soziale und militärische Aufgaben. Oft hatte eine Zunft einen eigenen Altar in der Kirche und nahm an kirchlichen Umzügen teil. Wurde ein Mitglied der Zunft krank, wurde ihm von den anderen geholfen. Die Zünfte mussten sich am Löschen beteiligen, wenn es in der Stadt brannte, oder die Stadtmauern vor Feinden schützen. Die Zunft strafte aber auch: „Schlitzohren" wurde der Zunft-Ohrring aus dem Ohrläppchen gerissen.

Die Zünfte gaben ihren Mitgliedern eine große Sicherheit, allerdings griff die Zunft auch tief ins Privatleben ein. Sie schrieb einer verwitweten Frau vor, wann sie wieder einen Handwerker desselben Berufs heiraten musste, und verbot auch oft modernere Herstellungstechniken.

behälter aus dem Zahn eines Walrosses, einer, der einer Walnuss gleicht, und einen in Form eines Buches. Aus der Zeit des Empire stammt ein Nähzeug aus Mahagoni mit eingebauter Spieluhr. Erhalten und gezeigt werden auch im Nähzeug versteckte Liebesbriefe und ein Stopfpilz für Glacéhandschuhe von 1818.

Skurrile Exemplare sind beispielsweise der Blindenfingerhut von 1920, Abschreckfingerhüte mit Klinge zur Selbstverteidigung und Identifizierung des Angreifers anhand der nachhaltigen Kratzspuren, ein Fingerhut aus Känguruleder sowie aus Jade, Amethyst und Jaspis geschnitzte chinesische Fingerhüte in Form von Eulen.

Einen Sammelschwerpunkt bilden aber auch Reklamefingerhüte. So ruft etwa die Firma Burger-King sich dem Benutzer in Erinnerung, der wegen hohem Fleischklopskonsums seine Hose weiter machen muss.

Kuriositäten in der Nähe: Der Rosengarten Taubertal

Eine dufte Oase in Creglingen ist der Rosengarten Taubertal. Hier wächst unter anderem die Wildrose Rosa rubiginosa, die auch Weinrose oder Zaunrose genannt wird. Sie ist keine Schönheitskönigin, sondern besitzt nur einfache Blüten in leichtem Rosa. Dafür duftet sie besonders aromatisch – und die morgens um sechs Uhr in Creglingen gepflückten Rosenblätter landen nicht nur in den Cremes von Biokosmetik-Produzenten, sondern werden auch zu Rosenjoghurteis und Rosenmus weiterverarbeitet. Man kann sie aber auch im Kilo erwerben und daraus Rosengeist destillieren. Der Anbau der Rosen erfolgt ohne chemische Pflanzenschutzmittel. Durch den lebendigen Boden, den die Rosengärtner mit Humus verbessern, und biologische Blattstärkemittel werden die Pflanzen robust gegen Pilze.

Reinhold Schneider hat auf seinem Hof 150 verschiedene historische Rosensorten gepflanzt, etwa die schon in der antike bekannte Rosa damascena, die Damaszenerrose, die aus Persien stammt und welche die Kreuzritter nach Europa brachten. Im Taubertal blüht die Rosa alba, die von den Griechen und Römern schon geschätzte Weiße Bauernrose, die später das Herrscherhaus in York zu seiner Hausblume machte, wohingegen das Haus Lancaster eine Rosa gallica im Schilde führte. Zu den ebenfalls schon lange bekannten Arten zählt die Essigrose, die von Apothekern zum Gurgeln und zur Wundheilung empfohlen wurde. Aus den Blütenblättern der Rosa centifolia, der stark bestachelten Kohlrosen, kocht man seit Jahrhunderten Rosenkonfitüre. Für 1,5 kg Rosenaufstrich benötigt man 400 kg Rosenblätter.
Die meisten der alten Rosensorten blühen nur einmal im Jahr. Alte Rosensorten zeigen dann meist pastellfarbene, weiße oder rosa-rote bis purpurrote Blüten.

Einige Ausstellungsstücke zeigen die weitreichenden Verwendungsmöglichkeiten der Fingerkäppchen. Auf ein turkmenisches Brustschild sind zwischen Kaurimuscheln und Knopfscheiben Fingerhüte als Glöckchen aufgenäht. Eine Frau zeigte mit diesen schweren Halsketten ihre Zahlungsfähigkeit, sie dienten gewissermaßen als für jeden einsehbarer Geldbeutel.

Aus Holland stammt eine Kinderklapper, die aus bunten, aufgefädelten Plastikfingerhüten besteht. Das Krabbelkind, für das sie gefertigt wurde, musste sicher noch nicht mit Nadel und Faden umgehen, aber schon von kleinen Mädchen wurde erwartet, dass sie sich in Handarbeiten übten. In einer Vitrine ist „Nesthäkchens Nadelmappe – Früh übt sich!" neben anderen bedruckten Verpackungen für Nähnadeln zu sehen.

Für die, die im Museum ihre Begeisterung für Fingerhüte entdeckt haben, gibt es vor Ort den „Verein Freunde des Fingerhuts e.V.".

Adresse:
Kohlesmühle 6
97993 Creglingen

Öffnungszeiten:
1. April bis 31. Oktober: Di–So 10–12.30 und 14–17 Uhr; 1. November bis 31. März: Di–So 13–16 Uhr; 24./25./31. Dezember und 7. Januar bis 28. Februar geschlossen.

Anfahrt mit öffentlichen Verkehrsmitteln:
Ab dem Bahnhof in Weikersheim mit dem Regionalbus 819 nach Creglingen. Ab Creglingen ZOB 1,7 km zu Fuß Richtung Münster. Parallel zur L 1005 verläuft der für Fußgänger angenehmere Panoramaweg. Das Fingerhutmuseum befindet sich genau gegenüber der Herrgottskirche mit dem berühmten Riemenschneider-Altar.

Kuriositäten in der Nähe:
• Feuerwehrbriefmarken im Feuerwehrmuseum Schloss Waldmannshofen
• Rosenmus und Rosensaft im Verkauf des Rosenhofs in Creglingen, wo 100 Wildrosenarten angebaut werden.
• Mumien in der Klosterkirche Frauental (die einzigen Kirchenmumien Württembergs)
• Achteckige Ulrichskapelle in Standorf

Buntes Leben

Ländliche Bildergalerie in Ballmertshofen

Zumindest was die Temperaturen angeht, ist es frostig im Schloss Ballmertshofen. Das Haus ist nicht beheizbar. Doch das ist zweitrangig, denn bei den Bildern, die ausgestellt werden, wird einem warm ums Herz.
Der Landarzt Dr. Horst Mövert nutzte die Tatsache, im Umkreis von 20 Kilometern um Ballmertshofen unterwegs zu sein und in viele Haushalte zu kommen, um die außergewöhnliche Sammlung zusammenzutragen.

Bis weit ins 18. Jahrhundert sah es in den meisten Bauernhäusern karg aus. Ölgemälde oder bemalte Schränke konnte sich nur eine reiche Oberschicht leisten. Dann aber wurde Ende des 18. Jahrhunderts der Steindruck und Anfang des 19. Jahrhunderts die Farblithografie erfunden – und das Leben wurde bunter. Mit dem neuen Verfahren konnte man Bilder massenhaft vervielfältigen und auch ärmere Familien kauften aus dem Angebot der Hausierer und schmückten ihr Haus. Da schmachten kitschige Marias, rosa Engel lächeln wohlwollend-süß und wohlerzogene Töchter knien in lieblicher Berglandschaft ehrerbietig vor ihren Müttern.
Nur wenige der Bilder sind reiner Zierrat. Etwas nur zum Spaß zu kaufen, das sah der Geldbeutel der Bauern nicht vor. Die meisten Bilder haben deswegen religiösen und idealerweise lehrreichen Inhalt. Zwei der Bilder zeigen beispielsweise den breiten und den schmalen Weg. Der breite Weg mit Glücksspiel und Vergnügungen führt in die Verdammnis – daran lassen die Bildnisse keinen Zweifel.

Die Bilder entsprachen dem Geschmack ihrer Zeit. Im 19. Jahrhundert kam das Ideal der heutigen Kleinfamilie auf, in der Mama und Papa ihren Teil an der Erziehung übernehmen – und so taucht auf den Drucken immer wieder Joseph auf, der seinem Sohn Jesus den Umgang mit Hammer und Säge lehrt, während Maria Wolle spinnt. Häusliche Idylle pur!

Ein großer Teil der ausgestellten Bilder zeigt Kinder, die von einem Schutzengel behütet werden. Der Engel steht auf dem Bild neben ihrem Bett oder ein meist weiblicher Engel begleitet die hübsch angezogenen Kinder über einen brüchigen Steg. Ein solches Bild hing vor 80 Jahren über fast jedem Kinderbett und sollte den Kindern Geborgenheit geben und sie ans Abendgebet erinnern.

Neben den Massendrucken sind im Museum auch gestickte Haussegen auf Stramin zu sehen, wie sie fast jeder Haushalt hatte und Bilder in Eglomisé-Technik. Diese Bilder sollten besonders teuer aussehen, doch das Glitzern hinter der mit

Schutzengel

Die Idee, dass jeder Mensch ein himmlisches Wesen an seiner Seite hat, existiert in verschiedenen Religionen – und auch in unserer heutigen Gesellschaft gibt es noch einen weit verbreiteten Glauben an die himmlischen Flügelwesen. Im Christentum waren die Katholiken die Ersten, die die Existenz von Schutzengeln annahmen. Im 19. und frühen 20. Jahrhundert aber zierten sie gleichermaßen evangelische und katholische Kinderzimmer. Schutzengel sind ein typisches Bildmotiv im späten 19. Jahrhundert. Die meisten der Bilder, die auf Drucken verkauft wurden, sind aber nicht dafür geschaffen worden. Fast alle haben sie Vorbilder in der Kunst der Nazarener, wie man eine Gruppe von Malern nennt, die mit dem, was sie an der Akademie lernten, nicht zufrieden waren. Sie begründeten einen Malstil, der die Gefühle ansprechen sollte. Ihre Bilder zeigen eine innige Frömmigkeit.

schwarzem Lack bemalten Glasfläche stammt von zerknülltem Stanniolpapier. Durch Oblaten wirkt das Bild reliefviert und noch edler. Für Wirtshäuser gedacht war das Spruchbild, das einen Mann mit seiner Gattin zeigt: „Das Kreuz allein war nicht so schwer, wenn nur das böse Weib nicht wär.“

Da das Museum keine Möglichkeit hat, die Bilder vor Sonne zu schützen oder gar in klimatisierten Räumen zu lagern, ist der Schatz des Landarztes Mövert wohl ein vergänglicher, denn die Farben werden allmählich verblassen.

Adresse:
Ländliche Bildgalerie
Schloss Ballmertshofen
89561 Dischingen-Ballmertshofen

Öffnungszeiten:
Mai bis Oktober an jedem ersten Sonntag im Monat 11–12 Uhr oder
nach Voranmeldung unter Tel. 07327/6387 (Klaus Moosmaier) oder
Tel. 0 73 27/92 11 47 (Tilo Meyer).

Anfahrt mit öffentlichen Verkehrsmitteln:
Ab dem Heidenheimer Bahnhof mit dem Bus 100 Richtung Trugenhofen,
Haltestelle Ballmertshofen/Hirsch (Fahrtzeit: ca. 20 Min.)

Kuriositäten in der Nähe:
• 130 Millionen Jahre alten Korallen im Museum in Nattheim
• Reisealtäre aus der Indischen Sammlung auf Schloss Helfenstein in Heidenheim an der Brenz

Buckelrinder gegen Rückenschmerzen

Der Birkenhof in Dörzbach

Kaukasische Rinder haben es nicht leicht. Die recht kleinen Tiere können sich nur im Frühling auf den saftigen Weiden vollfressen, denn schon im Mai versengt die Sonne alles Grün. Übrig bleiben gelbe Stängel und dorniges Gestrüpp. Eine europäische Milchkuh würde unter diesen Bedingungen verhungern, doch die kaukasischen Rinder füllen ihren Pansen mit allem, was sie finden. Sie sind nicht wählerisch und ertragen auch Dürrejahre, in denen sie fast zum Skelett abgemagert an steilen Hängen letzte Pflanzen zum Fressen suchen. Beheizte Ställe gibt es kaum in Armenien oder Aserbaidschan und so müssen die Tiere auch starken Frost ertragen.

Ähnliche Bergsteiger wie die Kaukasischen Kühe sind auch die Zebus, deren Namen auf Tibetisch „Buckel" bedeutet. Trittsicher weiden sie auf den Hängen des Himalajas. Die Vorfahren der Rinder auf dem Hof von Wunderlichs stammen großteils aus Sri Lanka. Nun ist Hohenlohe zwar fruchtbarer als der Kaukasus und ebener als der Himalaja – und dennoch hat sich die Familie Wunderlich entschieden, Zwergzebus zu züchten, eine Kreuzung aus den beiden asiatischen Kletterkuhrassen. Der Grund waren Rückenschmerzen bei Friedrich Wunderlich, der deswegen die normale Tierhaltung aufgeben musste. Heu vorwerfen und Ställe säubern – das hatte seine Bandscheiben ruiniert. Zwergzebus boten sich an, da sie deutlich weniger „wartungsintensiv" sind. Ihre Kälber bringen sie ohne fremde Hilfe zur Welt und auch beim schlimmsten Wetter können sie draußen auf der Weide bleiben.

Der Birkenhof ist ein frauenfreundlicher Betrieb. Kühe, die ihr Leben lang gekalbt haben, gehen in Rente und bekommen ihr Gnadenbrot. Keine Kuh wird geschlachtet, nur weil sie keine Leistung mehr bringt. Die Kühe vom Birkenhof werden nicht von ihren Kälbchen getrennt und sie werden nicht gemolken. Mit ihrer Milch ziehen die weiblichen Buckelrinder die Kälber selbst auf. Gibt eine Kuh mehr Milch als ihr Kalb trinken kann, werden ihr zusätzliche Kälber zum Säugen anvertraut – die Kuh ist dann eine Ammenkuh. Die Kälber haben die unterschiedlichsten Farben, es gibt weiße, graue, braune und schwarze Zwergzebus.

Getötet werden bei Wunderlichs nur die Bullen – und werden zu Zwergzebusalami, Dosenwurst und Steaks verarbeitet, die man im Hofladen erwerben kann. Gesund sind sie, die leckeren Würste, denn die Zebus können aufgrund ihrer Genügsamkeit

Fettwiesen und Magerwiesen

Fettwiesen sind, wie schon der Name vermuten lässt, ertragreich. Sie waren früher beliebte Weideflächen an Hügeln und in der Ebene oder wurden zweimal pro Jahr gemäht. Die häufigste Grasart auf den Fettwiesen ist der Glatthafer. Er ist ziemlich unscheinbar. Auffallender sind die blauen Blüten des Wiesenstorchschnabels, die Bibernellen mit ihren großen, weißen Dolden und die pinkfarbenen Flockenblumen. Spitzwegerich und Platterbsen tragen mit dazu bei, die Blumenwiesen bunt leuchten zu lassen. Heute werden diese Wiesen allerdings oft überdüngt, u. a. mit Fäkalien der Stalltiere. Die Wiesenböden enthalten dadurch mehr Stickstoff, als die Blumen aufnehmen können, die deshalb verschwinden. Noch mehr gefährdet sind Magerwiesen. Die Landwirte mochten sie nie. Ihr Boden ist durch kalkigen Untergrund trocken und mehr als eine Mahd ist oft nicht möglich. Orchideen, Enzianen, Küchenschellen und Kugelblumen brauchen aber diese nährstoffarmen Böden. Die Zwergzebus oder auch Schafe weiden die Wiesen nur teilweise ab und lassen so den unterschiedlichen Blumen eine Chance sich zu vermehren.

weniger Speck ansetzen als ihre verwöhnten, anspruchsvollen europäischen Verwandten. Ein Zwergzebu wird höchstens halb so schwer wie eine Rotbunte.

Die Buckelrinder sind Umweltschützer. Sie zertreten die Grasnabe nicht und können auch auf Wiesen gebracht werden, nachdem die Blumen verblüht sind. Das lässt Schmetterlingen die Chance sich zu vermehren und Wildblumen werden erst zu Futter, nachdem sie sich aussähen konnten. Zwergzebus helfen daher dabei Glatthafer- und Kalkmagerwiesen zu erhalten.

Adresse:
Familie Wunderlich
Birkenhöte 3
74677 Dörzbach
Tel. 0 79 37/6 04, E-Mail: info@birkenhof-wunderlich.de

Anfahrt mit öffentlichen Verkehrsmitteln:
Ab Bahnhof Möckmühl NVH-RegionalBus 11 nach Dörzbach (Fahrtzeit: 55 Min.). Dann 1,8 km zu Fuß

Kuriositäten in der Nähe:
• Heuhotel Hirsch in Dörzbach
• Kameraübertragung vom Storchennest auf dem Schlossdach der Herren von Eyb in Dörzbach

Haushoch überlegen
Der höchste Baum Deutschlands

Es war einmal ein Oberförster. Der Großherzog von Baden hatte ihm, Emil von Stetten, ein Stadtwaldgebiet bei Eberbach im Odenwald zur forstlichen Bewirtschaftung anvertraut. Der Wald war niedrig, ertragsarm und wirkte gar nicht großherzoglich. In anderen Waldgebieten schlug man große Bäume, Fichten, Tannen und Buchen – und Holzreichtum füllte die Kassen. Genau das sollte der Oberförster auch erreichen, sein Dienstherr wollte endlich auch einen „richtigen" Wald. Also begann Emil von Stetten diesen Niederwald in einen Hochwald umzuwandeln und ab dem Jahr 1900 wurden rund um Eberbach verschiedene Nadelbaumarten gepflanzt. In einer frischen Mulde nahe der Stadt wurden auch zahlreiche Douglasien gesetzt, die bald schon zu ganz ordentlichen Bäumen heranwuchsen. Der Großherzog war sehr zufrieden, denn nun hatte er auch ein Waldgebiet, das sich sehen lassen konnte.

Etwa einhundert Jahre später, im Jahr 1997 rückten Fachleute mit modernsten Messgeräten an und begannen die ungewöhnlich hohen, kräftigen Bäume zu vermessen. Schon über Jahrzehnte hinweg war dieser Baumbestand durch sein über-

Die Douglasie

Das Ursprungsland dieser Baumart ist der Westen von Nordamerika. Vor der letzten Eiszeit war sie auch in Mitteleuropa beheimatet. Die Douglasie gehört zur Gruppe der Nadelbäume, sie ähnelt in ihrer Wuchsform der heimischen Fichte, übertrifft sie aber mit ihrer Wuchsleistung deutlich. Ihre Nadeln sind flach und weich und sie verströmen beim Zerreiben einen aromatischen Duft. Die Nadelstreu hat einen ökologischen Vorteil gegenüber der heimischen Fichtennadel: Sie ist leicht zersetzbar und daher sehr bodenpfleglich.

Douglasienholz ist als Bauholz äußerst begehrt, da es auch ohne schützende Imprägnierung dauerhaft Witterungseinflüssen ausgesetzt werden kann und dabei lediglich vergraut. Frisch eingeschnitten hat das Holz eine hellrötliche Färbung, weist im Durchschnitt weniger Äste auf und wird oft auch als die schönere Lärche bezeichnet. Die Ähnlichkeit zum Lärchenholz liegt nicht nur in Textur und Färbung, sondern auch in der Dauerhaftigkeit. Im Alpenraum wurden vor über fünfhundert Jahren Häuser aus unbehandeltem Lärchenholz errichtet, die heute noch dem rauen Klima trotzen und bewohnt werden.

durchschnittlich starkes Wachstum aufgefallen. Die Vermessungsarbeiten brachten daraufhin ein wahrlich beeindruckendes Ergebnis. Ein Baum hatte sage und schreibe eine Gesamthöhe von rund 60 Metern erreicht und wurde damit zum höchsten Baum in ganz Deutschland!

Der Baumbestand gedeiht auf einem Steilhang des mittleren Buntsandstein-Odenwaldes und verdankt seine Wuchskraft vor allem der hervorragenden Wasserversorgung an diesem Standort. In der näheren Umgebung stehen auch noch weitere, mächtige Douglasien mit wesentlich größeren Stammdurchmessern, eine Rekordhöhe haben sie jedoch bisher nicht vorzuweisen.

Jedermann, der bereit ist, sich den Hals zu verrenken, kann die beeindruckende Douglasie betrachten: Sie steht mit einem blauen Farbband markiert einen kleinen Fußmarsch entfernt vom Eberbacher Schulzentrum und hört bis zum heutigen Tage nicht auf zu wachsen. Der Waldweg dorthin ist gut befestigt und beschildert. Er führt zuletzt über einen kleinen Pfad zu dem glücklicherweise kerngesunden Rekordbaum. Heute misst man Bäume nicht mehr mit dem Meterstab oder einem Seil, sondern mit Ultraschall oder Laserinstrumenten. Für die Baumhöhenbestimmung ermittelt man von einem beliebigen Standpunkt aus die Entfernung zum Baumstamm und danach werden die Neigungswinkel zum Baumfuß und zur Baumspitze gemessen. Der integrierte Rechner des elektronischen Baummessers berechnet daraus die Baumhöhe. Man muss dazu nicht einmal in der Nähe des zu messenden Baums stehen; die Geräte enthalten Fernrohre und können auf eine Entfernung von 800 Metern die Höhe exakt angeben.

Adresse:
Staatliches Forstamt
Scheuerbergstraße 16
69412 Eberbach am Neckar

Anfahrt mit öffentlichen Verkehrsmitteln:
Ab dem Eberbacher Bahnhof mit dem Bus 801 Richtung Ledigsberg
bis zur Haltestelle Berufsschule (Fahrtzeit: 1 Min.).

Kuriositäten in der Nähe:
• Vergorene Stutenmilch (Kumys) in der ersten deutschen Stutenmilchfarm
in Waldbrunn-Mülben
• Dreischläfriger Galgen in Mudau
• Höchstes württembergisches Bauwerk: der Sendemast Donebach
• Totempfahlschnitzerei Holger Bär in Scheflenz

Alpiner Sound aus Oberschwaben

Alphornbau in Eberhardzell-Ritzenweiler

Alphorn oder Albhorn? Niemand würde vermuten, dass in Oberschwaben Alphörner produziert werden: Aber zwischen Wiesen und Weiden, im ruhig gelegenen Örtchen Eberhardzell, werden seit 1983 die wohl bekanntesten und lautesten Schweizer Musikinstrumente hergestellt – nicht von einem Eidgenossen, sondern vom einheimischen Holzbildhauer Alfons Neumann. Er stammt aus einer Familie, deren Mitglieder seit Generationen als Holzbildhauer und Musiker tätig sind. Dieser Umstand bot die Grundlage für den Bau hochwertiger Alphörner. Der Schnitzkünstler verbesserte die bisherige Alphorntechnik in kleinen Details, sodass die urigen Instrumente leichter in der Handhabung wurden und sich in vielen verschiedenen Bereichen einsetzen lassen. Das oberschwäbische Alphorn ist so vom einfachen Signalhorn der Berge, mit dem der Hansi auf der Alm der Resi im Tal seine Gefühle zeigen kann, zum vollwertigen Musikinstrument weiterentwickelt worden. Durch verschiedene Zwischenstücke lassen sich alle Tonarten auf einem einzigen Instrument spielen, der Einsatz in unterschiedlichen Musikrichtungen wird so ohne weiteres möglich. Dem Alphornrock steht nichts im Wege …

Wer ein Blechblasinstrument spielen kann, der kommt Dank der verfügbaren Mundstückadapter auch mit einem Alphorn zurecht. Mundstücke drechselt der Alphornbauer aus Ahorn- oder Birnbaumholz, wodurch beim Anblasen ein besonders weicher Ton entsteht. Das Spiel auf dem langen, wuchtigen Instrument macht Freude – Herr Neumann führt das gerne vor. Und das Zuhören begeistert auch Menschen, denen Jazz lieber ist als die Kastelruther Spatzen. Der Klang der Hörner ist einzigartig, warm und gleichzeitig überaus kraftvoll.

Der äußeren Gestaltung sind wenig Grenzen gesetzt, vom schlichten Design bis zum prunkvoll beschnitzten „Prachthorn" ist alles machbar. Natürlich kann man sich sein individuelles Alphorn auch traditionell mit Edelweiß bemalen lassen, das übernehmen gerne die Damen des Ortes. Ein Death-Metal-Alphorn mit entsprechendem Dekor wäre aber sicher auch zu haben, wenn man die Vorlagen liefert.

Je nach Anspruch fertigt der Meister die Instrumente aus Fichten-, Linden- oder Erlenholz. Auf die Auswahl hochwertigster Hölzer wird dabei Wert gelegt, denn dies beeinflusst letztendlich auch entscheidend Klangqualität und Haltbarkeit. Alphör-

Lang und krumm: das Alphorn

Dem Alphorn ähnliche Blasinstrumente gab es bereits vor Tausenden von Jahren in den unterschiedlichsten Kulturen. Aber das typische Schweizer Alphorn, das wir aus Heimatschnulzen kennen, wurde erst im 16. Jahrhundert schriftlich genauer beschrieben. Es bestehe aus zwei ausgehöhlten, krummen Hölzern, welche mit Weidenruten fest zusammengebunden werden. Es habe eine Länge von elf Fuß (3,30 Meter), so die Quellen.

Die Grundform des Alphorns ergibt sich schon fast von selbst, wenn man eine auf einer Alm aus dem Hang wachsende Tanne betrachtet. Die findigen Bergbauern machten sich die natürliche Krümmung zunutze und konnten so ein langes, am Ende gekrümmtes Horn bauen, mit dem man beim Spiel nicht „in den Boden" bläst. Das heute in der Schweiz gebräuchlichste Alphorn hat eine Länge von 3,40 Meter.

Beim Blasen ergibt sich eine Grundstimmung in Fis/Gis, wobei die Länge des Alphorns über dessen Tonhöhe bestimmt. Das heißt, je länger das Horn, desto tiefer der Ton. Man kann auf dem Instrument nur etwa 12 Naturtöne spielen, die ausschließlich durch Lippen- und Lungenarbeit hervorgebracht werden, da es weder Ventile noch Klappen hat. Man hat natürlich schon Versuche angestellt, Alphörner damit zu versehen. Der Erfolg blieb jedoch bescheiden.

ner werden in fast reiner Handarbeit gebaut, so erfordert die Herstellung nicht nur handwerkliches Können und Erfahrung, sondern auch einige Zeit. Für ein Instrument werden mindestens sechzig bis siebzig Stunden Arbeit veranschlagt, was den nicht ganz kleinen Preis durchaus rechtfertigt. Und da sich gute Arbeit bekanntlich durchsetzt, beliefert Alfons Neumann inzwischen auch Kenner in der Schweiz.

Adresse:
Alfons Neumann
Ritzenweiler 17
88346 Eberhardzell-Ritzenweiler

Öffnungszeiten:
Besuch nach telefonischer Vereinbarung unter Tel. 0 73 55/91 81 01

Anfahrt mit öffentlichen Verkehrsmitteln:
Ab dem Biberacher Bahnhof mit Regionalbus Linie 216 Richtung Bad Wurzach, Haltestelle Eberhardzell, Fischbacher Straße, danach 1,6 km zu Fuß

Kuriositäten in der Nähe:
• Wundertätige Quelle „Michelstein" in Oberessendorf

Wo man nicht „verkehrt" ist

Das Besenmuseum im Schloss Mochental

Im ersten Besenmuseum der Welt wird der Besucher in die vielfältige Welt von Besen & Co. aus aller Herren Länder eingeführt. Es ist aus einer Sammelleidenschaft des Galeristen Ewald Schrade heraus entstanden. Die ständig weiter wachsende Besensammlung wird zusätzlich durch Texte und Bilder ergänzt.

Man kann dort beeindruckende Exponate aus verschiedensten Materialen bewundern, die für die unterschiedlichsten Einsatzzwecke angefertigt wurden. Vom afrikanischen Affenschwanzbesen zum Vertreiben von Fliegen bis hin zum Beduinenzelt-Besen aus einer Dattelpalmen-Rispe, vom mexikanischen Besen für die Topfreinigung bis zum kunstvoll gestalteten Tischbesen aus dem Jugendstil – kaum eine Besengattung, die hier nicht vorgestellt wird. Natürlich fehlt auch nicht der einfache europäische Reisigbesen und die Teppich-Kehrmaschine aus der Zeit, als ein elektrischer Staubsauger noch Luxus war.

Auch wer Taubenkot fürchtet, sollte sich im Besenmuseum umsehen. Während wir über im Wortsinne beschissene Gebäude klagen, zeigen chinesische Besen zum Aufheben von Taubenmist, wie hoch der Taubendreck anderswo als Dünger geschätzt wird.

Weitere Exponate des Museums sind Aschebesen, Staubwedel und ein Federwisch zur Ofenreinigung. Flotte Feger überall!

Der Besen im Märchen

Harry Potter bekommt im Roman als ersten Besen den Nimbus 2000. Doch nicht erst seit den Romanen von Rowling dient der Besen der Personenbeförderung. Sie waren zwar nicht die ersten märchenhaften Fluggeräte – in alten Märchen wird auf Stäben geritten – doch schon 200 n. Chr. taucht in einer jüdischen Geschichte der Ritt auf einem Besenstiel auf. Meist sind es in Sagen Hexen, die auf einem Besen in der Luft unterwegs sind, doch auch der Teufel und Schwarzkünstler lassen sich von ihm transportieren. Im „gestiefelten Kater" muss sich sogar das Haustier der Hexe auf einen Besen schwingen.

Die Ausstellung befindet sich in den sehenswerten, herrschaftlichen Räumen des Schlosses Mochental. Diese Probstei hat 365 Fenster – so viele wie das Jahr Tage. Als das Gebäude in seiner heutigen Gestalt 1730–1733 errichtet wurde, waren solche Zahlenspielereien in der Architektur und sogar in der Musik schick.

In dem Hauptgebäude mit zwei Seitenflügeln ist ebenfalls die Kunstgalerie Schrade beheimatet. Dort findet der Besucher wechselnde Ausstellungen von Bildern, Objekten und Skulpturen bekannter Künstler. Am Schloss Mochental selbst hängt zwar kein Besen, Speisen und Getränke werden aber trotzdem ausgegeben.

Adresse:
Besenmuseum Schloss Mochental
89584 Ehingen
Tel. 0 73 75/4 18

E-Mail: info@schrade-mochental.de
Öffnungszeiten (Galerie und Besenmuseum):
Di–Fr 10–12 und 14–17 Uhr, Sa 14–17 und So 10–17 Uhr

Anfahrt mit öffentlichen Verkehrsmitteln:
Regionalbus Linie 316 ab Marktplatz Ehingen, Haltestelle Kirchen Schloss Mochental

Kuriositäten in der Nähe:
• Krippenmuseum in Oberstadion, 2,5 Tonnen schwere Krippe

Chirurgische Spann-schrauben für Maria

Votive in der Wallfahrtskirche Schenkenberg

Allein der Weg von der Bushaltestelle ins Wasserburgertal und auf den Schenkenberg ist eine kleine Pilgerreise. Die Verkehrsanbindung ist dürftig und der Weg verlangt Durchhaltevermögen, ist aber trotzdem empfehlenswert.

Die Kirche enthält ein Gnadenbild aus dem 16. Jahrhundert, ist in ihrer sonstigen Ausstattung aber barock. Die Marienstatue, die auf dem Arm Jesus trägt, hat ein besticktes Gewand aus Goldbrokat an und trägt, wie ihr Sohn, eine Krone.

Diese Gnadenmutter von Schenkenberg wurde oft um Fürsprache und Hilfe gebeten – und viele fühlten sich offensichtlich von ihr erhört. Das sieht man an den ca. 150 Votivtafeln an den Wänden des Langhauses. Die meisten gehören dem 18./19. Jahrhundert an, die älteste stammt von 1693. Diese wurden der Gnadenmutter von Schenkenberg aufgrund eines Verlöbnisses (ex Voto) gestiftet als Dank für Hilfe. Man kann die Tafeln als eine Art Briefe an den Himmel verstehen, auf denen Gläubige entweder ihren Dank aussprechen oder einen Wunsch äußern.

So steht etwa auf einem der unbeholfen auf Holz gemalten Bilder: „Zu högster Ehr und glory Gottes und seiner liebe Muotter Maria hab ich Charolus Rorer senn wonhaft zu Emingen dises daffte(?) nacher Schenckenberg wegen einer schweren kranckheit verlobtt und aufgeopferett ano 1705." Auf dem Bild sieht man den wieder gesundeten Spender mit gefalteten Händen knien. Aus den rosa Wolken lächelt Maria mit ihrem Kind den Beter an. Auf einem Bild von 1809 spielt sich eine dramatischere Szene ab. Vor einem mit Eisenerz beladenen, den Berg hinabfahrenden Wagen stolpert eines der sechs angespannten Pferde. Einer der Begleiter der Fuhre wird überrollt. Doch im Himmel steht als Beschützerin Maria, der der Verletzte zum Dank das Gemälde anfertigen ließ. Dankbar für seine Rettung war auch Jacob Beiner, der 1750 mit seinem Pferd unterging und 40 Schritte unter Wasser schwamm, doch nicht ertrank und seine Rettung auf einem Ex Voto festhielt. An den Bildern kann man all die Gefahren der letzten 300 Jahre ablesen. Da wurde Maria um Hilfe bei der „fahlenden Sucht" – also Epilepsie – gebeten, bei Unfällen mit Pferden und für krank auf die Welt gekommene Kinder. Oft begibt sich ein ganzer Hof mit allen ihn bewohnenden Menschen und Tieren unter den besonderen Schutz Mariens.

Rechtschreibung

Ein großer Teil der Votivtafeln wirkt, als habe der jeweilige Verfasser entweder im Deutsch-
unterricht geschlafen oder aber eine angeborene Rechtschreibschwäche. Doppelkonso-
nanten häufen sich und ein und dasselbe Wort taucht immer wieder unterschiedlich ge-
schrieben auf. Dennoch kann nicht ausgeschlossen werden, dass die Menschen, die die
Zeilen verfassten, alle eine Eins in der Schule hatten.
Erst im späten 18. Jahrhundert gab es die ersten Vorschlagslisten, auf denen Lehrer Tipps
bekamen, wie man die Kinder schreiben lehren sollte. Eine verbindliche Rechtschreibung
gab es aber noch nicht. Die ersten Regelbücher wurden in Württemberg 1860 gedruckt,
wobei diese Schreibnormen nur für das kleine Königreich galten – andere Länder, andere
Rechtschreibung. Nach der Gründung des Deutschen Reiches 1871 gab es dann den
Wunsch nach einheitlichen Regeln für das ganze Land. 1880 erschien ein „Vollständiges
Orthographisches Wörterbuch der deutschen Sprache – Nach den neuen preußischen und
bayerischen Regeln". Sein Verfasser, Konrad Duden, war jedoch eine private Einzelperson.
Zum 1. Januar 1903 wurden seine Vorschläge rechtsverbindlich. Seit 2006 hat sich daran
aber wieder einiges geändert.

Modernere Votivgaben danken für die Rettung aus der Schlacht bei Monte Cassino
1944. Der Spender sagt Danke für die Gefangennahme durch die Engländer. Das
Bild zeigt Stacheldraht und Armeezelte, Soldaten und geborstenes Holz. Und bis
heute hält die Dankbarkeit der Mutter Gottes gegenüber an. Ein Votiv von 1990 besteht aus Spannschrauben, mit denen Maria und die Chirurgen Elisabeth Bächler
heilten. Sie schreibt: „Maria hat geholfen und wird auch immer helfen."

Adresse:
Wallfahrtskapelle Schenkenberg
78576 Emmingen-Liptingen

Anfahrt mit öffentlichen Verkehrsmitteln:
Ab Tuttlingen ZOB mit dem SBG-Bus 7375 Richtung Liptingen, Haltestelle
Emmingen/Linde, von dort aus 4,5 km zur Wallfahrskapelle.

Kuriositäten in der Nähe:
• Siebenständiger Ringlokschuppen mit funktionsfähiger 21-Meter-Drehscheibe im
Dampflokmuseum Tuttlingen
• Lächelnde Haushaltswaren „friends forever" im Hogri-Werksverkauf in Spaichingen

Kakteen im Schnee

Winterharte Kakteen in Empfingen und Horb

Brennend heißer Wüstensand, ein braun gebrannter Mann mit Sombrero – im Hintergrund ein Kaktus, das ist für uns ein stimmiges Bild. Wenn man in Empfingen vom Fußweg aus in den Garten des Kakteenexperten Holger Dopp blickt, dann kann man im Winter etwas anderes erblicken: Eine gekrümmte, zugeschneite Opuntie. Im Sommer ist sie wohl der höchste Freilandkaktus nördlich der Alpen. Wie aber überlebt die Pflanze den Frost? Sie duckt sich, so scheint es, und macht sich klein unter der Kälte. Von wegen, „Mein kleiner grüner Kaktus …".

Warum friert der Kaktus nicht?

Kakteen kommen meist aus Gebieten, in denen es nachts oder im Winter sehr kalt werden kann, tags und im Sommer aber müssen sie hohe Temperaturen aushalten. Sie haben daher eine besonders feste, ledrige Haut, die sie vor Austrocknung schützt. Statt Blättern, wie sie Bäume und Sträucher besitzen, haben sie Dornen. Diese schützen die langsam wachsenden Kakteen nicht nur vor Fressfeinden, sondern halten auch ein wenig die Luft um den Kaktus fest und schützen ihn vor Überhitzung. Bei vielen Kakteen haben sich neben den Dornen auch Haare gebildet, die den Kaktus wie ein Kleid vor intensiver Sonne schützen und nachts die Pflanze gegen Kälte isolieren.

Sukkulente Pflanzen, zu denen auch die Kakteen gehören, speichern in ihrem Stamm, ihren Blättern und oft auch Wurzeln sehr viel Wasser. Das ist der Grund, warum sie Dürrephasen ohne Schaden überstehen – und warum sie auch in Halbwüsten vorkommen, in denen sonst kaum etwas wächst. Nach langen Trockenzeiten sind dann allerdings auch Kakteen ziemlich datschig.

Im Winter würden Kakteen platzen, wenn sie viel Wasser eingelagert hätten, denn Wasser nimmt an Volumen zu, wenn es gefriert. Das kennt man von dem Desaster vergessener Flaschen im Kühlfach … Winterharte Kakteen nehmen, sobald es kalt wird, keine Flüssigkeit mehr auf, sondern schrumpeln. Die Opuntie lässt die Blätter hängen. Die Zellen beinhalten nun so wenig Wasser, dass ihre Wände auch dann nicht zerbersten, wenn es friert. Im Frühling erholt sich die Pflanze wieder. Die Triebe stellen sich wieder auf und im warmen Frühsommer schiebt die Pflanze an den Triebenden sechs bis sieben Zentimeter große Blüten in leuchtendem Pink.

Kakteen stammen aus Amerika. Manche der Pflanzen von Holger Dopp kommen aus wüstenähnlichen Gebieten, etwa Echinocereus triglochidiatus, den man wegen seiner essbaren Beeren auch Erdbeerkaktus nennt. Manche sind auch auf über 3000 Meter in den Bergen daheim, wie die gelb und orange blühende Maihuenia poeppigii, die in den Chilenischen Kordilleren bis knapp an die Schneegrenze vorkommt – und da muss sie natürlich frostfest sein. Was winterharten Kakteen in unserem Land eher den Garaus macht als der Frost, ist der Winterregen, und so brauchen einige Kakteen zwar keine Heizung, aber einen Regenschutz oder einen guten Abfluss für das Wasser. Robuste Bodendecker aber, wie die Mittagsblume Delosperma nubigenum, gedeihen bei jedem Wetter.

Wem es peinlich ist, bei Herrn Dopp über den Gartenzaun zu starren, der wird spätestens ab 2011 in Horb am Südhang in einem öffentlichen Park 150 winterharte Kakteen bestaunen können. Herr Dopp päppelt jedenfalls schon die kleinen Pflänzchen.

Und so heißt es für furchtlose Gartenbesitzer: An die Arbeit, Kakteen pflanzen und auch im Wintermantel den Tequilla in stimmigem Ambiente im Garten genießen!

Adresse:
Holger Dopp
Weillindestraße 8
72186 Empfingen
Tel. 0 74 85/16 38

Anfahrt mit öffentlichen Verkehrsmitteln:
Ab dem Bahnhof in Horb am Neckar mit dem RVS-Regionalbus 7402 Richtung Sulz am Neckar, Haltestelle Empfingen/Seiten (Fahrtzeit: ca. 20 Min.)

Kuriositäten in der Nähe:
• Steinerner Geschichtsgarten in Horb-Hohenberg
• Schülerkarikatur eines Klosterschülers im Klostermuseum Alpirsbach
• Pfahlhochbrücke aus dem 13. Jahrhundert in Sulz-Neckarhausen
• Ältestes Steinhaus in Süddeutschland in Rosenfeld (Alte Apotheke)
• Sammlung gegossener Ofenkacheln in Rosenfeld

Steinalter Käse

Dauerkäse im Käsereimuseum Endingen

Zum Naserümpfen! Museen für alte Münzen, für alte Gemälde, für alte Pfeifen – das alles ist im Bereich des Normalen, aber ein Museum für alten Käse?

Die ältesten und geruchsintensivsten Ausstellungsstücke in der alten Käserei des Seraphin Risch, der 1946 verstarb, sind die Bureziger. Die runden, trockenen Käse sind 20 bis 30 Jahre alt und teilweise zu grauen Kugeln geformt, die wie Flusskiesel aussehen. Und mit Sicherheit kann man sich an ihnen die Zähne ausbeißen. In der quadratischen Form erinnern sie optisch – wenn auch nicht vom Geruch her – an ein Stück vergessene Kernseife. Die Käselaibe haben keinen Flüssigkeitsanteil mehr – und füllen immer noch das Museum mit ihrem strengen, würzigen Duft. Der Käse, der in Tirol Graukäse heißt, enthält nur 0,4 % Fett in der Trockenmasse und wird daher nicht ranzig. Es ist ein gesunder Käse, der fast ausschließlich aus Milcheiweiß und Mineralstoffen besteht.

Aus 100 Litern Kuhmilch lassen sich 7 Kilogramm Bureziger herstellen. Dazu wird die teilentrahmte Milch durch natürliche Milchsäurebakterien zu Dickmilch. Nach dem Durchrühren wird die dicke Milch auf bis zu 55 °C erwärmt. Der Topfen wird nun in einem Tuch gepresst und nach dem Würzen mit Salz und Pfeffer in einer

Stinkende Sensibelchen

Käse sollte man daheim im Keller lagern – und wo das nicht geht, im Kühlschrank. Allerdings sollte er nicht kälter werden als 6 °C. Wenn man den Käse servieren möchte, sollte man ihn 30 Minuten vor dem Essen aus dem Kühlschrank nehmen, denn sein Aroma entfaltet er nur bei Zimmertemperatur.

Käse ist die Prinzessin auf der Erbse unter den Lebensmitteln. Er mag weder Licht noch Zugluft. Andererseits droht er zu ersticken, wenn man ihn nicht einmal täglich aus der Plastikdose nimmt. Luftdichte Folien sind vollkommen ungeeignet, um Käse darin zu lagern. Auch Einfrieren ist eine schlechte Idee. Zwar ist es besser, den Käse in das Tiefkühlfach zu sperren, als ihn verderben zu lassen – besser aber wird er nicht davon. Hartkäse überstehen den Frost einigermaßen unbeschadet, aber Frischkäse wird in der Kühltruhe klumpig und sieht nach dem Auftauen eklig aus.

Dass Käse schimmelt, ist normal. Absolut unbedenklich sind die weißen Pünktchen auf dem Käse. Es handelt sich um den harmlosen Milchschimmel. Grüner, blauer und schwarzer Fremdschimmel aber kann gefährlich werden. Bei Hartkäse genügt es den Schimmel großzügig abzuschneiden, verschimmelten Weichkäse sollte man aber unbedingt wegwerfen.

Mühle zerkleinert. Danach wird der Bureziger weitere 18 Stunden gepresst. Mindestens 10 Tage muss er reifen, ehe man ihn in Scheiben schneiden, mit Zwiebelringen belegen und in mit Salz und Pfeffer gewürztem Essig und Öl marinieren kann. Wenn man mag, kann man den Dauerkäse aber auch unendlich lange aufbewaren.

In den Zeiten vor der Maggi-Würze hatte man immer ein Stück des steinharten Käses im Haus. Man konnte ihn auch schon zerbröckelt kaufen; im Käseladen wurde er auf Kundenwunsch mit einem Zigerbrecher zerkleinert. Ein solcher steht natürlich auch im Museum.

Der Verkaufsschlager der kleinen Käserei am Kaiserstuhl war jedoch nicht der Bureziger, sondern Backsteinkäse und Inca. Unter diesem Namen wurde ein badischer Rahmkäse vertrieben. Der Name kommt nicht aus Südamerika und auch das Mädchen auf der Packung sieht doch recht mitteleuropäisch aus. Inca war vielmehr ein im alemannischen Raum verbreiteter Mädchenname. Jeder Inca wog 100 Gramm.

Das Käsereimuseum zeigt zum Teil noch die alten Geräte der Käseherstellung, erweitert um Ausstellungsstücke, die der Käsereimeister Konstantin Stöckle zusammengetragen hat. Auch Gerätschaften zur Milchabfüllung und Butterherstellung werden gezeigt. Die Käseküche ist funktionsfähig und immer wieder wird im Museum frischer Käse für die Besucher hergestellt. Über all dem wacht die Statue von Theodul, dem Schutzpatron der Käser.

Adresse:
Käserei Risch
Rempartstraße 7
79346 Endingen am Kaiserstuhl

Öffnungszeiten:
Ostern bis November So 14–17 Uhr; Di um 18 Uhr Führung, Anmeldung hierfür beim Verkehrsbüro (Tel. 0 76 42/68 99 90) erforderlich.

Anfahrt mit öffentlichen Verkehrsmitteln:
Vom Bahnhof in Riegel mit dem Regionalbus 102 Richtung Sasbach oder mit dem Zug SWE 72325 Richtung Basel, Haltestelle jeweils Endingen Bahnhof.

Kuriositäten in der Nähe:
• Folterwerkzeuge im Kaiserstühler Heimatmuseum in Endingen

Rollende Einkaufstaschen

Das Kleinwagenmuseum in Engstingen

Ach ja … die guten alten Kleinwagen der 1950er und 60er Jahre, wen erinnern sie nicht melancholisch an Onkel Hubert und Tante Inge, die sich von dem Gefährt in der Garage nicht trennen wollten? Zum Beispiel von der Isetta, dem Kabinenroller und natürlich auch dem VW Käfer. Und wegen denen soll man in ein Museum nach Engstingen fahren?

Die Antwort lautet: Ja, aber nicht nur! Klar, die bekannten Klassiker sind im Engstinger Kleinwagenmuseum ebenfalls zu bewundern, jedoch birgt es echte Überraschungen für Automobil- und Geschichtsfreunde. Bisher völlig unbekannte oder vergessene Automobilchen stehen da vor einem, manche wirken aus heutiger Sicht schon recht eigenwillig.

Kennen Sie etwa die Brütsch Mopetta, auch genannt die „rollende Einkaufstasche"? Drei Räder, ein Rasenmähermotor und eine winzige Kunststoffkarosserie bilden die Basis für dieses – Dings. Für 975.– DM konnte dieses bis zu 45 km/h schnelle, „rasende" Ei bei der Firma Egon Brütsch Fahrzeugbau in Stuttgart erworben werden. Immerhin 14 Stück wurden gebaut, eins davon könnte Donald Duck gehört haben.
Ebenfalls zu den weitgehend unbekannten Fahrzeugen gehört Anton, der Silberfloh. Dieses kleine Wägelchen, Typbezeichnung Fuldamobil N 4, wurde vom Boschdienst Fulda sogar 380-mal gebaut. Es besteht aus einem Motorradmotor, 3 Rädern, einem Holzchassis und ein paar Quadratmetern Aluminiumblech. Fertig! Der unglaubliche 80 km/h schnelle Silberfloh verfügte über satte 9 PS und kostete stolze 2200.– DM. Die zusammengeschusterten Billigmobile bringen den Besucher heute zum Schmunzeln, aber in den Jahren nach dem Krieg waren Vehikel dieser Art eine große Hilfe im Alltag des Wiederaufbaus.

Ein heute noch beeindruckendes Exponat steht dezent, zurückhaltend, ja fast versteckt am Ende der Halle neben der ersten deutschen Radarfalle. „Na gut, ein alter Adenauer", möchte man gelangweilt sagen, denn als Oldie-Fan erkennt man sogleich am hohen Kühlergrill den „Adenauer" genannten Mercedes 300 Cabriolet von 1952. Ein Wagen aus der Zeit, als es langsam wieder bergauf ging. Der erste Kanzler der Republik ließ sich in einem solchen Wagen chauffieren. Aber was hat ein Adenauer in einem Museum für Kleinwagen zu suchen? Antwort: Es ist nicht *ein* Adenauer, es handelt sich um *den* Adenauer! Tatsächlich steht hier der Dienstwagen Konrad Adenauers! Später war ein Amerikaner sein Besitzer, 1994 kam der Wagen als Wrack wieder heim. 3000 Arbeitsstunden wurden für Restaurierung dieser Ikone der Automobilgeschichte investiert. Und so kann jetzt das Kleinwagenmuseum die automobile Oberklasse seiner Zeit und ein Stück bundesdeutsche Geschichte präsentieren, sozusagen als Kontrast und Größenvergleich. Ganz in seiner Nähe steht ein anderes historisches Modell der Ära vor dem Krieg, der Kraft durch Freude-Wagen – der spätere Volkswagen Käfer.

In einer ganz anderen Abteilung findet der Besucher Haushaltseinrichtungen und Dinge rund um den Alltag nach dem Krieg, als man aus Gasmaskenbehältern Kaffeekannen machte. Vom Flüchtlingsgepäck bis zum Nierentisch der 50er ist hier alles Mögliche aus der Zeit zu sehen, als man froh war, dass endlich wieder Frieden ist. Alles in allem hat Engstingen also ein sehr unterhaltsames und informatives Museum, an dem bestimmt jeder Spaß hat. Am besten sie laden Oma und Opa mit zum Sonntagsausflug auf die Alb ein. Denn bei ihnen sind nostalgisch glänzende Augen sicher!

Adresse:
Kleinwagenmuseum
Kleinengstinger Straße 2
72829 Engstingen

Info:
Gemeindeverwaltung Engstingen, Rathaus
Tel. 0 71 29/34 32, E-Mail: info@engstingen.de

Öffnungszeiten:
Von Ostern bis Ende Oktober Sa 10–17 Uhr; in den Oster- sowie Sommerferien ab Kalenderwoche 30 bis einschließlich Kalenderwoche 37 Di–So 10–17 Uhr; Öffnung nach Vereinbarung ab 20 Besuchern

Anfahrt mit öffentlichen Verkehrsmitteln:
Ab dem Reutlinger Bahnhof mit dem Regionalbus 400 Richtung Gammertingen bis zur Haltestelle Großengstingen Marktplatz (Fahrtzeit: ca. 30 Min.)

Kuriositäten in der Nähe:
• Samenhandlungsmuseum Reutlingen-Gönningen
• Ostereiermuseum Sonnenbühl-Erpfingen
• 143 Glücksschweinchen im Bauernhausmuseum Hohenstein-Ödenwaldstetten
• Mietbare Bunker des ehemaligen Sondermunitionslagers Golf bei Trochtelfingen

Ganz alltäglich
Die Raußmühle in Eppingen

Die Raußmühle ist kein Museum – sie ist ein Teil einer anderen, einer untergegangenen Welt! Auf dem Gehöft leben Hühner und Gänse – und ein Freak: Frank Dähling, ein Aussteiger, der zwar für angesehene Museen Ausstellungen konzipiert, der aber dennoch eine Lebenswelt um sich geschaffen hat, die frei ist von Kommerz und Markenwahn. Er verwirklicht sich auf der Mühle einen Traum. Reich wird er nicht dabei, so wie die Bewohner des Gehöfts nie reich waren. Eine frühere Bewohnerin liegt mumifiziert in der von Dähling schonend restaurierten Mühle, es ist eine verhungerte Hausratte, die in der Verzweiflung versuchte ihren Schwanz zu fressen. Die Hausratte war die Überträgerin der Pest. Heute gibt es bei uns nur noch die größeren Wanderratten. Eine solche ist einmal in eine Spalte im Geschossboden der Getreidemühle gefallen. Sie hängt ebenfalls mumifiziert zwischen den Balken. In der Mühle blickt Lenin von der Wand. Warum, fragen sich manche Gäste. Weil Lenin sich auf der Flucht immer wieder als Mühlknecht verdingt habe, ist die Antwort des idealistisch gebliebenen Altachtundsechzigers.

Die Mühle bei Eppingen wurde 1334 zum ersten Mal erwähnt. Sie gehörte einem Heinrich, den man Ruthard nannte, was bedeutet „der im Schilf wohnt". Die Mühle gehörte wohl zu einem heute untergegangenen Ort, der nach dem Dreißigjährigen Krieg verlassen wurde.

In der Scheune des Gehöfts befindet sich das eigentliche Museum des Ethnologen – ein Museum ohne Schranken und Vitrinen, eine Erinnerung an den bäuerlichen Alltag und das Leben der Handwerker. Die Treppen in den ersten Stock zu überwinden macht Mühe, aber das Museum will eben keine Idylle einer „guten alten Zeit" zeigen, sondern die Härte und auch den Mangel des Alltags vor der Industrialisierung. Oben befindet sich Dählings berühmte Mausefallensammlung, die immer wieder in anderen Museen gastiert. Man sieht, wie man mit und ohne Speck Mäuse fangen kann.

Gruselig ist die Gelehrtenstube des Alchimisten. Hier wird gezeigt, welchen Mitteln man vor der Zeit von Aspirin, Viagra & Co. helfende Kräfte zusprach. Im Zauberschrank befindet sich ein menschlicher Fötus im Glas, eine mumifizierte Katze, wie sie aus Aberglauben zum Schutz neben Herden eingemauert wurde, Fett von Gehängten, Knochenwürfel und das heute als Danziger Goldwasser bekannte Lebenselixier. Ein handgeschriebenes Buch eines wandernden Arztes wird nicht weit von den Reliquien ausgestellt, und auch verschiedene Formen der Religiosität stehen im Museum unkommentiert nebeneinander.

Das Museum spiegelt keine Harmonie und Vergangenheitsverklärung vor. Auf einem der gezeigten Ziegel hat ihr Hersteller eingeritzt: „Hägele du Loch". In einem Spazierstock ist ein Degen versteckt und selbst ein Stock mit einem darin verborgenen Gewehr gehört zur Kuriositätensammlung.

Und auch die Kriegszeit hat vor dem Museum nicht Halt gemacht: Eine Mistkelle ist aus einem Stahlhelm gefertigt. Ein Zeichen, wie man Gegenstände phantasievoll umnutzen kann – und ein Zeichen für die freiheitliche Gesinnung, die auf der Mühle herrscht.

Adresse:
Frank Dähling
Sulzfelder Weg 40
75031 Eppingen

Öffnungszeiten:
Nach Vereinbarung unter Tel. 0 72 62/8/ 08

Anreise mit öffentlichen Verkehrsmitteln:
Ab Karlsruhe oder Heilbronn mit der S-Bahn S4 bis Eppingen-West, danach 1,3 km zu Fuß entlang der Bahnlinie Richtung Westen – erst der Tullastraße folgen, dann dem Sulzbacher Weg.

Kuriositäten in der Nähe:
• Dioramen mit je 2000 Zinnfiguren im Museum über Friedrich den Großen im Lerchennest Sinsheim
• Einrad-Motorrad im Technikmuseum Sinsheim

Ein Männlein steht im Walde ...

Der Tote Mann von Ettlingen

Wer kam auf die Idee, dieses makabre, in Stein gehauene Gerippe mitten im Wald aufzustellen? Man weiß es nicht. Den Zweck des Steins aber kennt man. Es war ein Grenzstein, der markierte, wo ein Ort aufhörte, ein anderer begann. Solche Grenzsteine wurden von Untergängern oder Steinsetzern aufgestellt, die an der Gemarkungsgrenze lebten und immer wieder zu kontrollieren hatten, ob der Stein noch stand, wo er hingehörte. Immer wieder wurden Umgänge veranstaltet. Man nahm Jugendliche mit, die sich den Verlauf der Ortsgrenze genau einprägen sollten – und ihn an kommende Generationen weiterzugeben hatten. In manchen Fällen stieß man sie mit dem Kopf auf die Steine, um ihr Erinnerungsvermögen zu stärken, andernorts war man freundlicher und gab den Kindern und Jugendlichen an den Grenzsteinen Brezeln, Nüsse oder Münzen.

Dass hier, wo heute das Skelett den Wald bewacht, schon lange die Grenze zwischen Ettlingen und Schöllbronn verläuft, kann man alten Akten entnehmen. Man

Vergänglichkeits-Deko

Wir versuchen heute, uns den Tod so weit wie möglich vom Leib zu halten, es sei denn, wir verkleiden uns als Sensenmann für eine Faschingsparty. Der Tod ist etwas unmodern geworden.

Im Mittelalter galt es als notwendig, immer wieder den eigenen Tod zu bedenken. Das beschränkte sich nicht auf die Abfassung des Testaments, sondern galt als Vorbereitung auf einen christlichen Tod. Als rechter Ort für das Nachdenken über den Tod galten Kirchen und Friedhöfe mit ihren teils drastisch-makabren Todesdarstellungen, in denen Menschen der verschiedenen gesellschaftlichen Gruppen vom Tod abgeholt werden – den sogenannten „Memento mori" (bedenke, dass du sterblich bist). Im 15. Jahrhundert liebten es die Menschen dann, sich Bilder der Vergänglichkeit ins eigene Haus zu holen – Bilder und Gegenstände, die an das Verfliegen der Zeit erinnerten. Das Sterben wurde dekorativ. Allerdings wandelte sich der dargestellte Tod. Nun wurde nicht mehr der wurmzerfressene, von Kröten bewohnte Leichnam im Zustand der Verwesung abgebildet, sondern das saubere, glänzende und ästhetischere Skelett, das als Wohnzimmerschmuck geeigneter schien. Auch der Tote Mann von Ettlingen gehört in die Phase der „freundlichen" Knochenmänner.

nannte diesen Abschnitt Toten Mann. Dass der Name auf eine eingefallene Bergbau-Grube zurückgeht, die man in der Bergwerksprache „Alte Männer" nennt, ist eine heute widerlegte These. Wahrscheinlicher ist, dass an dieser Stelle ein Fromder verstorben ist. Eine Leiche auf der Grenze? Das brachte Streit mit sich, welcher Ort den Papierkram erledigen und die Bestattungskosten tragen musste. In manchen Regionen war die Gemeinde in der Pflicht, auf deren Seite der Kopf lag, in anderen die, auf der das Herz lag. Nicht selten wurden Leichen immer wieder hin- und her geschubst, bis sich eine Gemeinde erbarmte, den Unbekannten zu bestatten. So ein Ereignis prägte sich sicher lange ein. Gut möglich, dass von so einem Unglücksfall der Flurname Toter Mann herrührt. Eine dritte Möglichkeit wäre, dass sich an dieser Stelle ein römisches Grab befand, das man im Mittelalter entdeckt hat und in dem sich ein Skelett fand. Eine alte Straße der Römer soll jedenfalls nicht weit von dem Grenzstein durch den Wald geführt haben.

Der Stein, der aufgestellt und mit einem Ettlinger Wappen geschmückt wurde, ist sicher jünger als der Flurname. Die Jahreszahl 1570 ist in den Stein eingraviert, was zur Abbildung passt, denn im 16. Jahrhundert wurden Darstellungen des Todes populär. In dieser Zeit begann man auch, den Tod mit einer Sanduhr darzustellen: Der Tod mit Stundenglas und Sense erinnert an die Vergänglichkeit der Welt.
Und weil der Zahn der Zeit nicht nur an Menschen, sondern sogar an Steinen nagt, ist die originale Sandsteinplatte ins Museum gebracht worden. Der Stein, der im Wald zu sehen ist, ist eine Replik aus dem Jahre 1990.

Adresse:
Im Moosalbtal bei Ettlingen

Info:
Forstabteilung der Stadt Ettlingen
Ettlinger Straße 24
76275 Ettlingen

Anreise mit öffentlichen Verkehrsmitteln:
Ab Karlsruhe-Albtalbahnhof mit S1 Richtung Bad Herrenalb, Haltestelle Fischweier (Fahrtzeit: 24 Min.)
An der Würstchenbude biegt man ab ins Moosalbtal. Hinter einer Sägemühle überquert man das Bächlein auf einem schmalen Steg und steigt wenige Meter bergan. Hinweisschilder führen auf einem Wanderweg nach links zum Toten Mann.

Kuriositäten in der Nähe:
• Landesgrenzsäule in der Ortsmitte von Moosbronn (die Landesgrenze zwischen Baden und Württemberg teilte früher den Ort.)
• Koffer als Radio im Radiomuseum Waldbronn

Gefälschte Flora

Kunstblumendschungel in Fellbach

Wenn Mann seiner großen Liebe eine Rose aus Sailers Laden schenkt, sollte er sicher sein, dass er sich von der Auserwählten nicht bald wieder trennen wird, denn im Zweifel halten die Blumen länger als die Liebe.

Wer den in Süddeutschland einzigartigen Laden mit der üppigen Blütenpracht betritt, dem fällt zunächst auf, dass der Geruch nicht derselbe ist, wie in einem normalen Blumenladen – und dass die Blumen bei Sailers etwas üppiger sind als anderswo. Ansonsten sehen die Blumen zumeist ganz „echt" aus – doch weit gefehlt, die meisten von ihnen sind aus Stoff! Damit eine Rose aussieht wie eine Rose, besteht sie aus 40 Einzelteilen, die von Hand zusammengesetzt wurden. Innen in der Blüte sind leicht dunklere Blättchen als außen. Auf die Stoffblütenblätter sind feine Äderchen aufgemalt und auf manchen Rosen sitzen gar kleine, funkelnde Tautropfen.

Der helle Laden mit Galerie wirkt wie ein Dschungel. Und sogar Tiere fehlen nicht. Meist liegt einer der Hunde auf dem Brückchen über dem kleinen Brunnen. Riesige Mohnblumen und Sonnenblumen stehen in Gefäßen. Lilien und Iris, Türkenbund und Gerbera werden einzeln aus Zinkwassereimern zum Verkauf angeboten – nur sind die Eimer, in denen sie stehen, trocken. Der Spatiphylum und der Hibiskus in Töpfen sehen aus wie frisch in einer „normalen" Gärtnerei eingetopft. Selbst Kakteen, Olivenbäume, Lavendelstauden und großblütige Kamelien gedeihen in der Kunstwelt. Die Kinder der Kundinnen fassen die Beerchen an und können es einfach nicht glauben. Nicht einmal das perfekt angemalte Obst am hölzernen Marktstand ist echt. Der Äpfel für 1,20 Euro und die Birnen für 2,– Euro sind unverderblich, haben aber eher keinen Nährwert.

Hergestellt wurden die Blumenimitate zum größten Teil in China. Zu Gestecken arrangiert und Sträußen gebunden werden sie in Fellbach. Man kann als Kunde auch die Vasen mitbringen, um sicherzugehen, dass die Kunstpflanzen auch hineinpassen. Die Ladenbesitzerin war zwar schon selbst zweimal in China, aber sie kauft nicht direkt dort ein. In Frankfurt findet jedes Jahr die größte Messe statt, auf der Dekorationsartikel verkauft werden. Dort bestellt Frau Sailer ihr Sortiment.

Aber bitte Kunst!

Kunstblumen haben in Europa eine längere Tradition als Schnittblumen. Wenn auf den Gemälden des 17. Jahrhunderts Blumen abgebildet sind, so heißt das nicht, dass echte Blumen als Zimmerzier gedient haben. Blumen waren, da sie schnell verwelken, ein Symbol für Vergänglichkeit und Tod. Sie zu verschenken wäre etwa dasselbe gewesen, als würde man der Verehrten einen Schädel schenken. Und wenn schon Blumen, dann künstliche!

40 Jahre lang hat die Besitzerin Frischblumen verkauft, doch die waren zu künstlich. Sie bekam von Pflanzenschutzmitteln u. Ä. Allergien. Und so tauschte sie die Schnittblumen gegen Stoffblumen ein. Allerdings: Stoff ist lichtempfindlich und Stoffblumen sind etwa für Balkonkästen ungeeignet. Sie verbleichen oder bekommen einen Blaustich. Bei Seilers gibt es aus diesem Grunde eine ganze Kollektion an Freilandpflanzen aus Plastik.

Und natürlich gibt es auch Nippes. Etwas abseits im unteren Geschoss hinter Säulen warten Spatzenpärchen, Puppen, die in Gestecken sitzen und schaukelnde Pierrots auf ihren Einsatz. Man kann Schmetterlinge, Kerzenständer, Geschenkbänder, Servietten und metallisch schimmernde Clowns kaufen, doch der Kitsch ist dann doch ganz gut versteckt.

Adresse:
Sailers Geschenkideen
Bahnhofstr. 83
70736 Fellbach
Tel. 07 11/58 19 85

Geöffnet:
Mo–Fr 8.30–13 und 14.30–18.30 Uhr, Sa 8.30–14 Uhr

Anfahrt mit öffentlichen Verkehrsmitteln:
Ab dem Bahnhof Fellbach zu Fuß in 5 Minuten oder von dort mit dem Bus 60 Richtung Untertürkheim, Haltestelle Pauluskirche.

Kuriositäten in der Nähe:
• Wild lebende Gelbstirnamazonen im Rosensteinpark und Kurpark in Stuttgart und in der Esslinger Straße in Fellbach
• Verschiedene Papiertheater im Schreiber-Museum in Esslingen am Neckar

Kunststu(e)cke

Das Stuck-Museum in Freiburg

Gips gibt's in Tüten – was daraus entstehen kann, wenn er sie verlassen hat, zeigt seit 1979 das „kleine Stuckmuseum". Der Stuckateurmeister und Restaurator Hans Rich stellt in seinem gar nicht so kleinen Museum eine riesige Sammlungen von historischen Stuckelementen aus; die meisten hat er aus Abrisshäusern in Freiburg und Karlsruhe gerettet, sie geborgen, ehe die Abrissbirne sie zertrümmert hätte. Die überwiegend aus dem 19. Jahrhundert stammenden, originalen Bauverzierungen wurden zum Teil aufwendig restauriert und sind als Reproduktionen auf Bestellung auch käuflich zu erwerben. Teilweise werden aber auch neue Abgussformen hergestellt. Den Stuck von Herrn Rich gibt es eben nicht von der Stange.

Die Decken der Ausstellungsräume wurden mit Stuckarbeiten von den Auszubildenden gestaltet, einige haben hier gar ihr Gesellenstück verwirklicht, zu dem sie komplizierte Vorskizzen und Berechnungen anstellen mussten und übten, Muster für die gewünschte Fläche zu vergrößern. Als Besucher fühl man sich zuerst etwas hilflos zwischen all den verschiedenen Ornamenten, Friesen, Rosetten, Kapitellen, Wappen, Konsolen, doch zum Glück kann Hans Rich als Meister seines Faches zu jedem einzelnen Exponat etwas sagen. Sechzig Jahre Berufserfahrung haben der Begeisterung für sein Kunsthandwerk nichts anhaben können. Bei dem leidenschaftlichen Erzähler, der viele seiner Arbeiten mit Akribie dokumentiert hat, kann man alles über das traditionelle Stuckateurhandwerk erfahren: Zum Beispiel über die verwendeten Materialien, unterschiedliche Verarbeitungstechniken wie Gussverfahren, Formenbau, Montage im und am Bauwerk und die Verwendung von Stuckelementen im Interieur und Exterieur, gestern und heute.

Zwar hat Herr Rich in sein Museum auch einige modernen Formen aufgenommen – auf einer Deckenverzierung tummeln sich schwarze Feuersalamander mit leuchtend gelben Flecken – aber im Prinzip hält er die überlieferten, jahrhundertelang veredelten Formen einer Rosette oder Palmblattverzierung für nicht zu übertreffen. Sie gilt es seiner Meinung nach zu erhalten – und nicht selten verbergen sich heute noch in Wohnungen unter dicken Schichten von Spachtelmasse und Wandfarbe filigrane Meisterwerke vergangener Epochen. Der Denkmalschutz, die oft komplizierte Restaurierung vielfach übertünchter Stuckornamente und deren Rekonstruktion sind die Spezialität der Rich KG. Aus anscheinend unrettbaren Fragmenten kann so wieder ein wahres Kunstwerk werden. Fehlende Teile werden anhand von Vorlagen nachmodelliert, symmetrische Gegenstücke neu geschaffen.

Stuck – ein vielseltiges Material

Für Stuckarbeiten verwendet man eine Mischung aus Kalk, Gips oder beidem mit Sand und Wasser. Dazu können noch die verschiedensten Zuschlagstoffe kommen. Diese Masse ist zuerst flüssig, erhärtet an der Luft aber schnell.

Eine Fülle von Bearbeitungsmöglichkeiten ergibt sich aus dieser Eigenschaft: In dünnflüssigem Zustand kann Stuck in Formen gegossen werden, Werkstücke lassen sich so vervielfältigen. Im halbfesten Zustand kann man Stuck mit Modeln drücken oder mit Hilfe von Schablonen in Profile ziehen. Dies kann sowohl direkt am Baukörper als auch auf der Werkbank erfolgen. In halbfestem Zustand kann man den Stuck frei antragen und von Hand oder mit den verschiedensten Werkzeugen modellieren. In voll erhärtetem Zustand lässt sich Stuck wie ein sehr weicher Stein mit den Werkzeugen des Bildhauers bearbeiten.

Viel zu viele wertvolle Stuckarbeiten wurden in den Augen von Rich in der Vergangenheit aus Unkenntnis zerstört oder nicht fachgerecht „in Ordnung" gebracht, beklagt dieser, der in seine Erzählungen auch schon mal auf Denkmalbehörden und ihre Vorschriften hinweist. Das Museum jedenfalls ist ein Ort, an dem ein uraltes, wohl vom Aussterben bedrohtes Kunsthandwerk lebendig geblieben ist. Billige Styroporteile aus dem Baumarktregal werden von Herrn Rich selbstverständlich mit Verachtung gestraft.

Adresse:
Kleines Stuck-Museum; Hans Rich KG
Liebichstraße 11
79108 Freiburg / Breisgau
Tel. 07 61/50 05 55

Öffnungszeit:
Mo–Fr 13–18 Uhr; vormittags: Mo–So nach Vereinbarung.

Anfahrt mit öffentlichen Verkehrsmitteln:
Ab Freiburg Hauptbahnhof mit der Stadtbahn Nr. 5 Richtung Reutebachgasse, Haltestelle Tullastraße (Fahrtzeit: 13 Minuten).

Kuriositäten in der Nähe:
• Kleinste Schule Baden-Württembergs in Stohren
• Der Tandemladen: Spezialgeschäft in Freiburg

Hinter Schloss und Riegel

Südwestdeutsches Schatztruhenmuseum in Geislingen an der Steige

Ehe es üblich wurde, größere Geldsummen ins benachbarte Ausland zu bringen, bewahrten reiche Menschen ihr Hab und Gut einfach zu Hause auf. Da schon die Dagobert Ducks der Frühen Neuzeit Angst vor der Familie der Panzerknacker hatten, begannen Schlosser im 15. Jahrhundert eiserne Truhen für sie zu bauen, die man sicher verschließen und zur Not sogar mit Rädern und Seilen in den Burggraben absenken oder in einen anderen Raum bringen konnte. Eine der Truhen der Ausstellung hat zum Transport tatsächlich Schlittenkufen.

Die Tresore früherer Jahrhunderte waren alles andere als unauffällig. Mit den Geldkisten wurde geprotzt. Zwar findet sich unter den Ausstellungsstücken auch eine diebstahlsichere, aber schmucklose Soldkapsel, aus der die Soldaten im Feld bezahlt wurden. Die meisten Geldbehälter fallen aber durch ihren Zierrat ins Auge.

Renaissance – Geld regiert die Welt

Die ersten prachtvollen Schatztruhen stammen aus der Renaissance. Der Name bedeutet „Wiedergeburt" und bezeichnet eine Epoche, die vom 15. bis 17. Jahrhundert dauerte und in der man sich stark für die Antike, genauer für das Leben im antiken Rom und in Griechenland interessierte. Sowohl die Kunst der Antike als auch deren Künstler und Autoren kamen zu neuen Ehren und wurden sehr verehrt. Auch in der religiösen Einstellung gab es zu dieser Zeit Veränderungen: Man wurde diesseitsfreudig, lebensbejahend, tatendurstig und prachtliebend.

Im Mittelalter war es verpönt, wenn man versuchte reich zu werden. Wenn jemand mit seinem Einkommen nicht zufrieden war, so wurde das schnell als unchristlich angesehen: Der Mensch hatte zu bleiben, wohin Gott ihn gestellt hatte. In der Renaissance empfanden sich die meisten Menschen zwar auch als Geschöpfe Gottes, freuten sich aber stärker daran, wie viele Möglichkeiten ihnen gegeben waren. Ihr Ideal war es, weit gereist, hoch gebildet, aber auch wohlhabend zu sein. Das Geldscheffeln galt nicht mehr grundsätzlich als unmoralisch und Händler, die clever – und oftmals auch skrupellos – wirtschafteten, konnten reicher werden als Könige oder Fürsten. So stand Kaiser Karl V. bei der Kaufmannsfamilie Fugger so in der Kreide, dass er keine politischen Entscheidungen gegen seine Geldgeber mehr treffen konnte.

Die ausgetüftelten Schlösser nehmen im Deckel meist die gesamte Fläche ein. Im Museum in Geislingen kann man die unterschiedlichen Schlossarten selbst ausprobieren. Das Fallriegelschloss beispielsweise ist das älteste bekannte Schloss. Seine Funktion ist simpel: Im oberen Bereich des Schließwerks befinden sich Stifte, die Fallriegel, die in Löcher im Riegel fallen, wenn man den Deckel zuwirft. Der Riegel ist blockiert. Um das Schloss wieder zu öffnen, braucht man einen passenden Schlüssel mit Zinken, die die einzelnen Stifte anheben. Das kennen wir von einfachen Türschlössern. Bei den Schatztruhen waren aber mehrere Riegel durch Gelenke so kunstvoll miteinander verbunden, dass mit einem einzigen Drehen des Schlüssels gleichzeitig an allen vier Seiten der Truhe die Riegel zu öffnen waren. An den Museumswänden können die Besucher auch in das kompliziertere Baskülen-Schließwerk und ein Ablass-Block-Riegel-Schließwerk hineinsehen und den Mechanismus erforschen.

Oft sind die Schließwerke innen sogar mit einer durchbrochenen Metallplatte abgedeckt und noch selbst reich verziert. Eine der 50 ausgestellten Truhen ist innen noch original vergoldet. Die äußere Vergoldung der etwa 400 Jahre alten Renaissance-Truhe aus fürstlichem oder kirchlichem Besitz wurde restauriert. Die Truhen bargen nicht nur Schätze, sie waren selbst welche. Die meisten Truhen sind zudem bemalt oder mit Reliefs überzogen. Oft verbirgt sich das Schloss unter einem abklappbaren Ornament und ist nur durch einen Trick überhaupt zugänglich. Eine der Truhen hat die Form einer Kommode und wurde mit einem Holzdekor bemalt, das Diebe täuschen sollte. Eine barocke, dunkle Truhe hat neben den 22 Riegeln noch ein Zählwerk, mit der der fürstliche Besitzer sehen konnte, ob sich jemand ohne seine Erlaubnis am Inhalt der Truhe zu schaffen gemacht hatte.

Adresse:
Moltkestraße 11
73312 Geislingen an der Steige
Tel. 0 73 31/2 42 68

Öffnungszeiten:
Anfang Mai bis Anfang November Di–So 15–17 Uhr

Anfahrt mit öffentlichen Verkehrsmitteln:
Ab dem ZOB in Geislingen mit dem Sihler-Bus 52 bis zur Haltestelle Geislingen Karlstraße/Modehaus Fahr (Fahrtzeit: 2 Min.)

Kuriositäten in der Nähe:
• Schwäbischer Spruch-Weg bei Dürnau
• Fahrradfahrerpistole im Fahrradmuseum Stahlrad in Rechberghausen

Zum Anbeißen

Gipsobst in Gerstetten-Gussenstadt

Gussenstatt besitzt einen Superlativ: Nein, weder das *höchste* Bürohochhaus noch die *schnellste* Eisenbahntrasse oder gar das *größte* Shoppingcenter Württembergs befindet sich in Gussenstadt. Es ist das *erste* Ortsmuseum. Vor 100 Jahren war das etwas verblüffend Neues! Kunstschätze aus der ländlichen Region wanderten bis dahin zu oft in die Städte und verschwanden in den Archiven in Stuttgart oder Ulm. Zu viele kunsthandwerkliche Schätze aus dem Dorf wurden verkauft, in städtische Häuser, deren Bewohner mit ihnen Landromantik nachspielen wollten.

Valentin Thierer, ein vermögender Gussenstädter ohne Nachkommen, wollte das ändern. Ihm hat Gussenstadt nicht nur das Museum zu verdanken. Er ließ das Ursula-Stift und den Jakobsaal bauen, benannt nach seinen Eltern, und schuf für das Örtchen so Raum für einen durch eine Schwester geleiteten Kindergarten, für den Sport- und Handarbeitsunterricht – und für Ausstellungsräume. Zur Eröffnung rief der Stifter die Bürger auf: „Wie manches Überbleibsel von alter Tracht, altem Hausgerät, alter Bauernkunst, wie manches alte Buch, Bild oder Schriftstück u. dergl. mag da und dort in den Rumpelkammern verstauben und zerfallen, das als lebendiges Zeugnis der Vergangenheit für das jetzige und für die kommenden Geschlechter einen hohen Wert besitzt. Darum heraus damit und hinein in unsere Alters- und Invalidenversorgungsanstalt, in unsere Dorfsammlung!"

Einige Ausstellungsstücke ließ er selbst anfertigen, etwa einen Kasten mit ausgestopften Tieren, anhand derer Generationen von Schülern die Tiere ihrer Heimat pauken mussten – und das Obstkabinett, anhand dessen gezeigt werden konnte, welche Obstsorten sich zum Anbau eignen. Heute ist diese Sortensammlung eine Rarität! Die Früchte wurden in den vergangenen Jahren restauriert, denn selbst Obst aus mit Wachs und Parafin überzogenem Gips und Pappmaché wird – man staune – schlecht. Und nun erstrahlt es wieder in vollem Glanz. Das Verblüffende an dem Obstkabinett: Jede Kunstfrucht hat ganz exakt das Gewicht, das in der damaligen Literatur für sortenreine Früchte angegeben war. Da liegt die heute in Vergessenheit geratende Deutsche Schafsnase, die Hedelfinger Riesenkirsche, das gelblichgrüne Stuttgarter Gaishirtle und die Forellenbirne. Die stramme Wadelbirne ist zwar die ideale Grundlage für Hutzelbrot, aber sie war schon 1911, als das Gipsobst angefertigt wurde, sehr selten geworden. Auch die berühmte Champagner-Bratbirne ist im Kabinett vertreten, gegen deren Verwendung für schwäbischen Birnenschaumwein die französische Champagner-Industrie geklagt hatte. Nun ist aber die Birnensorte deutlich älter als das EU-Recht, das den Namen Champagner allem abspricht, was nicht in der Campagne hergestellt wird.

Das Museum hat keine Sammlungsstruktur, aber was sicher einen professionellen Kurator wahnsinnig machen würde, gibt dem kleinen Museum Charme. In einer Vitrine mit Ausstellungsstücke aus der Zeit der Weltkriege liegen Kinderrasseln, die Russische Kriegsgefangene hergestellt haben, und Feldpostkarten, die Soldaten aus Russland nach Gussenstadt schrieben. Da sie kein Papier zur Verfügung hatten versandten sie an die Lieben daheim Grüße auf Birkenrinde. Ein Schaukasten zeigt Ellenmaße aus einer Zeit, als es noch 150 verschiedene Längenmaße gab und ein drei Ellen langer Stoff aus Wien für eine Herrenhose gut reichte, während drei Ellen aus der Kurpfalz für eine Kinderhose knapp wurden. Das Museum beherbergt Fossilien, eine Hellebarde aus dem 30-jährigen Krieg, die zufällig 1956 an einer Straße in Gussenstadt gefunden wurde, einen kostbaren Druck der „Wundarzney" von Paracelsus von 1534, Steinguttöpfe und Gläser. An der Wand sind verschiedene Ledereimer aufgehängt. Sie wurden von der Feuerwehr zum Löschen verwendet.

An die frühere Kindersterblichkeit erinnert ein Wandbild. Eine Familie klagt in dem in Schmuckbuchstaben niedergeschriebenen, bebilderten Text, dass alle ihre sieben Kinder jeweils nur wenige Tage oder Wochen alt wurden. Die Mutter hatte jedes Jahr versucht Nachwuchs zu bekommen, der sofort wieder verstarb. Das düstere Totenerinnerungsbild war für das Wohnzimmer bestimmt. Sein Text spricht zwar von Trauer und Verzweiflung, gleichzeitig aber auch von der tiefen, emotionalen Frömmigkeit des 19. Jahrhunderts.

Adresse:
Museum im Ursula-Stift
Marktstraße 2
89547 Gerstetten-Gussenstadt

Öffnungszeiten:
30. April bis 4. Oktober sonn- und feiertags 13:30–16:30 Uhr oder
nach Vereinbarung mit Willi-Martin Jäger, Tel. 01 51/55 83 83 11

Anfahrt mit öffentlichen Verkehrsmitteln:
Ab dem Heidenheimer Bahnhof mit dem Bus 75 Richtung Heuchstetten bis
zur Haltestelle Dorfplatz Gussenstadt. (Fahrtzeit: ca. 40 Min.)

Kuriositäten in der Nähe:
• Gebärstuhl im Heimatmuseum Langenau
• Schädel und Unterkiefer eines Hauerelefanten im Museum für Vor- und
Frühgeschichte Langenau
• Tafelbild „Jesus als Apotheker" in der Kirche in Gussenstadt

Abgeknallt

Das Denkmal für den letzten in Württemberg geschossenen Wolf in Güglingen

Geht es um die kleine Hufeisennase oder die letzten Wildpferde, dann sind sich heute alle einig: Geschützt müssen sie werden. Um den letzten Wolf in Württemberg allerdings wurde keine Träne geweint.

Wölfe haben einen schlechten Ruf – immer noch. Dabei greifen Wölfe eigentlich nie Menschen an. Das tun sie entweder nur in Märchen wie Rotkäppchen oder wenn sie unter Tollwut leiden. Der letzte Wolf allerdings, der vermutlich aus dem Elsass kam und 1846 in Württemberg als Einzelgänger in einem riesigen Gebiet zwischen Tamm und Böblingen immer wieder ganze Schafherden riss, war in der Tat ziemlich gerissen. Nachts legte das Tier viele Kilometer zurück, um unerwartet an einem anderen Fleck des Landes aufzutauchen. Da Wölfe in den letzten Jahrhunderten immer weniger Waldgebiete mit Hirschen und Rehen als Beute für sich hatten und die Menschen Jagd machten auf die Tiere, die ursprünglich auf dem

Warum war der Wolf allein?

Männliche Wölfe sondern sich in der Regel dann von ihrem Rudel ab, wenn sie auf der Suche nach einer Partnerin sind. Innerhalb eines Rudels dürfen sich nämlich nur die Rudelführer mit den Weibchen paaren. Aber viele jüngere Wölfe wollen das nicht akzeptieren. Sie wollen eigene sexuelle Erfahrungen machen. Meist sondern sie sich dazu in der so genannten Ranzzeit – die Wolfsmännchen sind nur einmal im Jahr fortpflanzungsfähig – vom Rudel ab und folgen ihm in einiger Distanz.

Da es schwer ist, alleine zu jagen, kommen die Einzelgänger oft an die Stellen, an denen das Rudel gejagt hat und fressen die Reste. Immer wieder hält das einsame Tier auf seiner Wanderschaft inne und heult, nicht weil es traurig ist, sondern quasi als Kontaktanzeige: „Einsamer Wolf sucht Wölfin". Wenn das Geheul erwidert wird, gehen beide Wölfe aufeinander zu, bis sie zusammentreffen. Nun machen sie sich bei gegenseitigem Interesse auf die Suche nach einem eigenen Territorium, in dem sie eine neue Familie gründen können. Als nur noch sehr wenige Wölfe in Deutschland lebten, war die Suche nach einem Weibchen zunehmend aussichtslos. Der letzte in Baden-Württemberg geschossene Wolf war dazu verurteilt, Junggeselle zu bleiben.

Speisezettel des Wolfes standen, griffen die Wölfe eben auch auf die Nahrung der Menschen zurück und taten sich an Schafen gütlich.

Den bald im ganzen Land bekannten Wolf im Sommer zu erlegen, war unmöglich, auch wenn die Finanzkammer des Neckarkreises erst 15, dann 75 Gulden auf den Kopf des Raubtieres aussetzte. Wölfe sind fast nur im Winter zu jagen, wenn man die Spuren im Schnee und die Laufrichtung des Tieres erkennen kann. Und so wurden bei Einbruch des Winters an alle Forstämter Beschreibungen von Wolfsspuren versandt, damit niemand die Spuren mit denen eines Hundes verwechsle. Am 10. März 1847 war es dann soweit. Ein Forstwart hatte den Wolf gesichtet und rief die Jägerkollegen und Helfer aus den nahe gelegenen Dörfern zusammen, denen der Wolf entgegengetrieben wurde. Drei Schützen waren am Jagderfolg beteiligt, ein Hofkammer-Waldschütz, der Waldschütz von Cleebronn und ein Schütze aus Eibesbach. Erster versetzte dem Tier einen Streifschuss, zweiter zwei Schüsse, die den Wolf stark verwundeten, der letzte den Todesschuss. Das tote Tier wurde erst im Gasthof Hirschen in Bönnigheim von der Bevölkerung bestaunt, dann nach Stuttgart gebracht, wo er heute präpariert im Naturkundemuseum steht – und der Streifschütze, der sich für den Todesschützen hielt, ließ sich seinen Jagderfolg auf eine Pfeife malen. Auf ihr erlegt er den Wolf in romantischer Felslandschaft und nicht im Zabergäu.

Noch 1955 plädierte der Zabergäuverein dafür einen Stein als „jagdliche Erinnerung" aufzustellen. 1969 ist das dann geschehen, nicht in Trauer um den bei uns ausgestorbenen Wolf, sondern zu Ehren des Schützen. Wer ihn bestaunen will, folgt von der im Wald gelegenen Ruine Blankenhorn aus, zu der eine lange Holztreppe führt, den Albvereinszeichen. Nach etwa einer Stunde gelangt man zu Fuß auf dem Hauptwanderweg HW 10 zum Denkmal für den letzten Wolf und seinen Schützen.

Adresse:
Im Wald zwischen Eibensbach und Cleebronn

Infos:
Zabergäuverein, Ulrich Peter, In der Krugstatt 7, 74363 Güglingen

Anfahrt mit öffentlichen Verkehrsmitteln:
Ab dem Bahnhof Lauffen (Neckar) mit dem Regionalbus RBS 663 Richtung Güglingen. Haltestelle Eibesbach Kirche (Fahrtzeit: ca. 30 Min.)

Kuriositäten in der Nähe:
• 9. Längengrad in Güglingen

Christus in der Buche

Der Balzer Herrgott bei Gütenbach
im Schwarzwald

Von der Bushaltestelle Neu-Eck aus können Sie in den Fallengrund wandern – vorbei am Oberfallengrundhof. Man sieht von hier aus auf den Unterfallengrundhof, auch Fallershof genannt. Machen Sie ein Foto aus der Ferne! Ihre Oma wird gerührt sein, denn auf diesem Hof wurden die Außendreharbeiten zu einer schnulzigen Fernsehfamilienserien gemacht, die die 80plus-Generation sonntags an die Bildschirme fesselt. Klingeln Sie nicht, denn Sie werden keine Stars dort antreffen, sondern eine Familie, die ihren Hof bewirtschaftet, die ein Recht auf ihre Privatsphäre hat und nicht gerade scharf darauf ist, dass Fans durch ihr Wohnzimmerfenster starren.

Wir sind aber zu einer ganz anderen Sehenswürdigkeit unterwegs. Ab dem bald erreichten Waldparkplatz ist der Weg zum Ziel mancher Konfirmandenwanderung, zum Balzer Herrgott, ausgeschildert und folgt zunächst ca. 200 Meter in Richtung Langengrund dem Waldrand. Der Weg wird im Winter nicht geräumt und ist bei hohem Schnee nicht begehbar. Auf einem gut beschilderten ausgebauten Forstweg geht man noch etwa einen Kilometer bergab bis zu dem ebenso bekannten wie beliebten Baumwunder.

Ein Baum macht dicht

Der Teil des Baumes, der bewirkt das Baumstämme immer dicker werden, ist das Kambium, eine dünne Schicht aus lebenden, sich vermehrenden Zellen zwischen der Rinde und dem Holz, die nach außen neue Rindenzellen und nach innen neue Holzzellen bilden. Mit Hilfe des Kambiums kann der Baum Verletzungen in der Rinde und im Holz heilen. Damit das Holz nicht zu lange dem Angriff von Pilzen und Bakterien ausgesetzt ist, bildet das Kambium ein Wund-Gewebe, der so genannte Kallus, der sich von den Seiten her über die Verletzung schiebt, aber nicht dieselbe Struktur hat, wie die Baumrinde. Der Kallus verholzt und bildet Wülste. Immer wieder kann man dieses Phänomen an eingewachsenen Zäunen, Straßenschildern, Steinen oder Nägeln beobachten. Für die Forstwirtschaft ist das Wundholz wertlos für Laien aber ist es faszinierend, über Jahre hinweg einen Baum zu beobachten, der ein Schild „frisst".

Aus dem Stamm einer Buche schaut der Kopf einer Christusstatue aus Buntsand-stein hervor. Der Kopf wäre schon längst vollständig überwallt, hätte man ihn nicht seit 1986 zweimal freigeschnitten. Vor 80 Jahren ist die Figur noch ab den Beinen sichtbar gewesen. 1975 waren nur noch Kopf und Brust zu sehen, doch die Buche legt sich immer weiter um die Figur, deren Herkunft unbekannt ist. Es ranken sich die unterschiedlichsten Legenden um die Statue, um ihre Geschichte und ihr Alter. Wahrscheinlich stammt sie von einem Wegkreuz, das möglicherweise bei einem Erdbeben zerstört wurde. Irgendwer hat sie an den Baum gehängt, der daraufhin anfing, um sie herum zu wachsen.

Wahrscheinlich handelt es sich bei der Buche um eine Weidbuche. Früher wurde Vieh häufig in den noch lichteren Wald getrieben, um Nahrung zu suchen. Dabei wurden junge Bäume verbissen und im Wachstum gehemmt. Sie gingen in die Brei-te, bis sie einen Umfang erreicht hatten, der verhinderte, dass Tiere die oberen Äste abfressen konnten. Diese Äste wuchsen nun sehr schnell. Oft vereinigten sich eini-ge Äste im Nachhinein wieder zu einem Stamm. Vermutlich wurde die Christussta-tue im 18. Jahrhundert, als der Baum schon etwa 100 Jahre alt war, zwischen zwei starke Äste gelehnt, die danach zu einem einzigen Stamm verwuchsen.

Es ranken sich viele Sagen darum, wer den Korpus an dem Baum befestigt hat. Sicher scheint, dass es sich um das Hofkreuz des Königenhofes im Wagnerstal, Gemarkung Neukirch, gehandelt hat, der bei einer Lawine zerstört wurde. Wahr-scheinlich wurde dabei auch die Statue zum Torso. Den Namen bekam die Figur wohl, weil sich die Buche auf dem Grund des Hofes befand, der einem Balthasar (Balzer) Winkel gehörte.

Infos:
Bürgermeisteramt Gütenbach, Fremdenverkehrsamt, Hauptstraße 10,
78148 Gütenbach

Anfahrt mit öffentlichen Verkehrsmitteln:
Ab dem Bahnhof Waldkirch im Breisgau mit dem SBG-Bus 7272 Richtung
Furtwangen bis zur Haltestelle Neu-Eck (Fahrtzeit: ca. 50 Min.).

Kuriositäten in der Nähe:
• Winzige Kirmes in der Faller-Modellbahn-Ausstellung in Gütenbach
• Weihnachtsbaumständer mit Spieluhr im Deutschen Uhrenmuseum Furtwangen

Packen wir's aus!

Deutsches Verpackungsmuseum Heidelberg

Geöffnet – und dann ab in die Gelbe Tonne! Das ist das Schicksal der meisten Verpackungen, doch nicht aller: Manche Umhüllungen schaffen es auch ins Museum. Das Verpackungsmuseum im Hinterhof des Gebäudes Hauptstraße 22 hatte allerdings ursprünglich einen ganz anderen Zweck, als Dosen und Kartons zur Schau zu stellen. Es handelte sich um eine Nothkirche. Hier feierten die Altkatholiken ihre Gottesdienste. Diese Gemeinschaft eigenständiger katholischer Kirchen ist eine Abspaltung von der römisch-katholischen Kirche: Die Altkatholiken protestierten 1871, als das 1. Vatikanische Konzil verkündete, die Lehre des Papstes sei unfehlbar, denn ein Papst könne nicht irren. Das sahen manche Glaubensgeschwister anders, verließen die Katholische Kirche und feierten ihre Gottesdienste in einem alten Salzlager, das zu einer provisorischen Kirche umgebaut wurde. Seit 1997 werden nun in dem Hinterhaus Verpackungen ausgestellt.

Zum Kirchenambiente passt die im Museum ausgestellte Weihnachtskrippe aus Blech, in der zwischen 1890 und 1900 Kekse verkauft wurden. Man kann auf die Verpackung Kerzen aufstecken. Im Stall ist als Diorama das Jesuskind in der Krippe zu sehen. Die Weißblechteile sind handverlötet – und der Wert der Verpackung überschritt sicher den der Süßigkeiten, die in ihr enthalten waren.

Weißblech

Noch immer sind viele Verpackungen aus Weißblech. Besonders Lebensmittel und Tierfutter wird in den nicht rostenden Dosen verkauft. Auch Sprühflaschen und Kronkorken werden aus Weißblech hergestellt. Das Metall lässt sich recht leicht einschmelzen und daher gut recyceln. Über 90 Prozent aller Weißblechverpackungen werden wiederverwertet.
Weißblech ist zum großen Teil aus dünn ausgewalztem Stahl. Dieser wird gebeizt, entfettet und muss durchglühen, ehe er mit einer dünnen Schicht aus Zinn oder Chrom überzogen wird. Das Verchromen oder Verzinnen schützt vor Korrosion. Anschließend wird das dünne Blech mit Folie beschichtet oder lackiert, je nachdem, welchem Zweck es einmal dienen soll. Nun werden die Metallplatten in Stücke zerteilt. Anschließend erhält die Dose oder Blechschachtel ihre Form.

Etwas makaber ist eine Blechdose im gleichen Saal. Auf ihr ist die Titanic abgebildet. In Deutschland wurde diese Zigarettenverpackung exklusiv für den Bordverkauf auf dem Unglücksdampfer 1912 angefertigt. Fröhlicher: Die Keksdose auf Rädern, die mit ihren Fähnchen und Bullaugen sicher ein beliebter Spielzeugdampfer war.

Für heimliche Naschkatzen wurde eine Blechdose in Buchform erfunden. Der Buchrücken gleicht dem eines Sammelalbums für Postkarten. Im Regal fällt so das heimliche Pralinenversteck nicht auf.

Nicht alle ausgestellten Packungen sind so luxuriös. Ein Schaukasten widmet sich den Care-Paketen und ihrem Inhalt. Während der Nachkriegszeit versuchten amerikanische Bürger den Hunger in Deutschland zu lindern, indem sie Hilfspakete nach Deutschland schickten, in denen sich überlebenswichtige Nahrungsmittel befanden.

Die Ausstellungsstücke im Museum wechseln. Immer wieder treten andere Marken in den Vordergrund: Sei es die Nivea-Creme, die anfangs in einer Faltschachtel in Beige „für Haus und Sport" angepriesen wurde, die Persil-Verpackungen bis heute und die Veränderung der Sarotti-Schokoladen-Papiere. Interessant ist es außerdem, aus den Werbe-Slogans zu entnehmen, was wann als fortschrittlich und modern galt. Superlative, wohin man sieht, selbst bei der Seife: Sunlicht – größte Waschkraft, mühelose Arbeit, höchster Erfolg!

Adresse:
Hauptstraße 22
Innenhof
69117 Heidelberg
Tel. 0 62 21/2 13 61

Öffnungszeiten:
Mi–Fr 13–18 Uhr, Sa und So 11–18 Uhr

Anfahrt mit öffentlichen Verkehrsmitteln:
Ab Heidelberg Hauptbahnhof mit dem Bus RNV 33 Richtung Ziegelhausen,
Haltestelle Bismarckplatz (Fahrtzeit: 5 Min.).

Kuriositäten in der Nähe:
• Studentenkarzer mit Malereien der dort eingesperrten Studenten
der Universität Heidelberg
• Prinzhorn-Sammlung, Kunst von Patienten der Psychiatrie Heidelberg um 1900
• Bonsai-Museum Heidelberg

Buddha vor dem Fachwerkhaus

Bambusgarten in Heiligenberg-Steigen

Hinter grünen Bambusstauden blickt ein 700 Jahre altes badisches Hofgut hervor, vor dessen Eingangstüre auf dem Fachwerk ein Pagodeneingang mit Drachen angebracht ist. Im Garten lauert ein fast eingewachsenes Krokodil. Brückchen und Pagoden, gepflastertes Yin und Yang, Elefantengötter aus Granit, schwere Öllampen aus schwarzem Stein und kleine Wasserfällchen geben dem Garten ein ostasiatisches Flair, wobei Symbole des Lamaismus wild mit den Darstellungen indischer Götter gemischt werden. Indonesien und Indien, Vietnam und China, Japan und die Osterinseln rücken auf dem Areal der alten Mühle eng zusammen. Der Mühlbach bietet das Wasser zur Bewässerung der Kanälchen und zum Gießen.

Die flinke Pflanze – Bambus

Bambus ist ein Gewächs, das im Garten wegzulaufen droht, wenn man nicht aufpasst. Er bildet lange Ausläufer, die es ihm erleichtern, sich zu verbreitern und die Herrschaft im Garten zu übernehmen. Das mag im Blumenbeet ein Problem sein, weil der Bambus in der Lage ist, seinen Beetgenossen Saft und Kraft zu rauben und sie zu verdrängen. An steilen Hängen aber bietet Bambus eine gute Sicherheit vor dem Abrutschen. Rhizome nennt man den unterirdisch wachsenden Teil des Bambus, der solche Kraft besitzt, dass er Asphaltstraßen sprengt, in isolierte Keller eindringt und auch unter der Mauer zu den Nachbarn ausbüchst. Eine sechs Meter breite Einfahrt zu untertunneln und auf der anderen Seite des Weges weiter zu wachsen, ist für den Bambus kein Problem. Immer wieder mussten sich auch schon deutsche Gerichte mit Bambusstauden befassen, die zum Nachbarn gekrochen waren. Die Gerichte entschieden: Wer einen Bambus besitzt, muss auf ihn aufpassen und darauf achten, dass der den heimischen Garten nicht verlässt.

Größere Bambusse werden aufgrund ihres „inneren Zusammenhalts" in Asien zur Vorbeugung von Schäden in Erdbebengebieten anpflanzt.

Will man vermeiden, dass Bambusse im eigenen Garten zu wild wachsen, muss man bei einigen Arten 55 Zentimeter tiefe Sperren in den Garten einbauen und den Bambus so in seine Schranken weisen. Oder man entscheidet sich für Fargesia-Arten, die zahmeren unter den exotischen Gräsern.

Es ist kein spiritueller Garten und auch kein volkskundlicher, sondern einer, der die Begeisterung des Gärtners Egon Egenolf für Asien und speziell die Länder am Himalaja widerspiegelt. In den Achzigern war er selbst dort auf Reisen und fasziniert von der indischen Kunst des 10. Jahrhunderts vor dem Einfluss des Islam. Abgüsse der alten, griechisch beeinflussten Kunstwerke stellt Herr Egenolf selbst zum Verkauf her. Beim Reisen begann ihn auch der Bambus zu begeistern. Es sei wundervoll, wenn hinter einem Wald aus über 20 Meter hohen Bambusgräsern ein neuer Berggipfel zu sehen sei. 10 Meter können einige Bambusarten auch bei uns gut erreichen.

In der Hofstetter Mühle kann man die Bambusriesen für den heimischen Garten gleich erwerben. Phyllostachys bambusoides mit seinen baumstammartigen, honiggelben Halmen überklettert die 8-Meter-Marke. Neue Halme wachsen pro Woche ein bis zwei Meter, bis sie ausgewachsen sind. Sasa palmata „Nebulosa" bleibt kleiner und man kann ihre Sprossen als Beilagen zu asiatischen Gerichten servieren. Wer keinen Platz für einen Wald hinterm Haus hat, der kann beim Bambussammeln mit Bodendeckerbambus beginnen. Pleioblastus pygmaeus ist ein sehr frostfester Bambus. Er dient in Japan als Rasenersatz.

Nur wenige der 30 bis 40 angebotenen Sorten hat Egenolf selbst gezüchtet. Immer wieder ergattert ein Freund für ihn in China Bambusarten in Regionen, die auch kalte Winter erleben, und bringt sie mit an den Bodensee.

Adresse:
Gartenbau Hofstetter Mühle
Hofstetter Mühle 1
88633 Heiligenberg/Bodensee
Tel. 0 75 54/9 82 40

Öffnungszeiten:
Mo–Fr 9–12 und 14–18 Uhr, Sa 9–12 Uhr; November bis Februar
nach Vereinbarung.

Anfahrt mit öffentlichen Verkehrsmitteln:
Ab dem Salemer Südbahnhof (Mimmenhausen) mit dem RAB-Regionalbus 7397
bis Haltestelle Heiligenberg-Steigen (Fahrtzeit: 20 Min.).

Kuriositäten in der Nähe:
• Luxuspferdeboxen mit Schnitzereien im Marstall von Schloss Salem
• Affenfelsen in Salem
• Fußspuren von Erwin Teufel und Lothar Späth in Beton auf dem Höchsten
bei Illmensee

Für Busenfreundinnen

Das Miedermuseum in Heubach

Das kleine Museum befindet sich über der Stadtbücherei im Schloss von Heubach. Dort muss man sich auch melden, wenn man das Museum in den holzvertäfelten, ausgemalten und an sich schon sehenswerten Räumen besuchen möchte.

Das Miedermuseum befasst sich mit dem, was man normalerweise nur in Ausnahmefällen zu sehen bekommt, mit den Dessous und ihrer Geschichte. Sie beginnt in Heubach bei den Zeugleswebern, die in feuchten Kellern Flachs webten, denn bei Trockenheit waren die Fasern zu störrisch. Die Weber litten deshalb oft an Tuberkulose und Rheuma.

Als die Baumwolle nach Europa kam, wurde Unterwäsche aus der weichen Faser zuerst als unschicklich angesehen. Die Geschmeidigkeit des neuen Materials könne gar zu Unzucht verleiten. Dennoch: Die Erotik setzte sich gegen den kratzigen, heimischen Flachs durch und die Weber fürchteten um ihre Arbeit. Viele mussten umsatteln. In Stuttgart eröffnete 1848 die erste deutsche Korsettmanufaktur.

Pflanzliche Kleiderstoffe

Baumwolle – Baumwolle wird aus den Fasern einer Malvenart gewonnen. Diese Fasern umgeben den öligen Samen. Die Pflanze wird in tropischen Regionen von Amerika, Asien und Afrika angebaut.

Hanf – Bevor der Anbau in den meisten Ländern verboten wurde, weil man aus den Hanfblüten Haschisch gewinnen kann, wurden die Fasern aus den Stängeln der Hanfpflanze zu Seilen und groben Kleiderstoffen verarbeitet. Hanf ist genügsam und wächst praktisch überall.

Leinen – Leinen wird aus Flachs gewonnen. Es ist eine der ältesten Naturfasern. Schon 4000 v. Chr. wurden aus Flachsfasern Stoffe hergestellt. Aus den Samen konnte man außerdem Öl gewinnen.

Viskose – Die Viskose ist eine Chemiefaser, auch wenn sie aus Naturprodukten hergestellt wird, denn die pflanzliche Zellulose wird mit Natronlauge und Schwefelkohlenstoff verflüssigt und dann versponnen.

Die Schnürbrüste wurden an einem Stück auf speziellen Handwebstühlen gefertigt. Brotlose Weber verdingten sich in den neuen Fabriken. 1859 gründete eine Heubacher Weberfamilie die Firma Susa – und die modebewussten Schwäbinnen rissen sich um deren Produkte. So kam bald eine zweite Fabrik dazu: Triumph. Dabei wurde nicht nur in den Werkstätten gearbeitet: Im Museum sind Stickmusterbücher für Heimarbeiterinnen zu sehen

Im Museum ist ein Metallkorsett ausgestellt, das man an den Seiten mit Lederschließen schließen kann, wobei nicht klar ist, ob es nicht eher krumme Rücken gerade biegen sollte. Nicht nur das schwere Monstrum aus Metall, auch die edleren Mieder aus Stoff sind im wahrsten Sinne des Wortes atemberaubend. Die Prozedur des Ankleidens konnte bis zu drei Stunden dauern, während denen das Mieder immer enger gezogen wurde. Unter den Vitrinen mit den Korsagen kann man in den Schubladen Anekdoten und Materialien zur Korsettgeschichte finden, so etwa die Anweisungen aus einem Brevier der Damen von 1890, das der Dame empfiehlt, nie ohne Korsett zu essen, um nicht zuzunehmen. Außerdem wird dringend davor gewarnt, das Schlafzimmer ohne Schnürung zu verlassen. Der Ehegatte könne sonst schockiert sein.

Die Mode ging mit der Politik. Als in der französischen Revolution das Joch der absoluten Monarchie abgeschüttelt wurde, da befreiten sich die Menschen nicht nur politisch. Auch der Körper wurde nicht mehr eingepresst. Mit der Restauration und der Rückkehr zu Pflicht und Disziplin wurde auch bei den Damen wieder erwartet, dass sie mithilfe eines Schnürkorsetts Haltung bewahren. Auch während der Schwangerschaft durfte der Frauenleib nicht in die Breite gehen, wie er wollte, das Schwangerschaftskorsett konnte allerdings dem sich wölbenden Leib angepasst werden.

Selbst zum Schwimmen wurde unter dem Badekostüm ein Badekorsett getragen. Vermutlich waren so bekleidet nicht sehr viele Schwimmzüge möglich. Die Unterwäsche einer Dame mit Strumpfhaltern, Unterröcken und Hemden wog durchschnittlich immerhin 2,5 Kilogramm. Kein Wunder, dass Ärzte um 1900 zu „Reformmiedern" rieten, die man mit Büstenhalter, Hüftgürtel und Hemdhosen kombinierte, denn das enge Schnüren des Körpers verursachte gesundheitliche Probleme wie Kopfschmerzen, Appetitlosigkeit, Hitzewallungen und Ohnmachtsanfälle, aber auch Atembeklemmung, Fehlgeburten und Schäden an den inneren Organen. Auch Frauenrechtlerinnen protestierten: Wer schön sein wolle, müsse deswegen nicht leiden!

Neben Korsetts gibt es in Heubach noch andere Miederwaren zu bestaunen. Eine Brustattrappe aus Baumwolle und Fischbeinstäbchen formte 1910 einen pultartigen Busen ohne Kerbe. Wobei der tiefe Ausschnitt dann in den 1950ern besonders

gefragt war und die Brüste durch rund gesteppte Büstenschalen zu Spitzbusen geformt wurden. In den Museumsvitrinen sieht man alles, was Flachbrüstigen half, auch in ihrem Dekolleté tief blicken zu lassen: Air-Bras, bunte Push-ups und einlegbare Brustpolster. Wer sehen will, ob ihm oder ihr das steht, der kann sich in der kleinen Umkleidekabine des Museums verführerisch verkleiden.

Die letzten Vitrinen des Museums zeigen die 1970er Jahre bis heute. 1974 kam „einer für alle" auf den Markt. Die Unterwäsche wurde durch elastische Materialien formbar und die Farben knallig. Selbst das früher verpönte Rot fand als Farbe für Slips und BHs in die biedersten Schlafzimmer Einlass. Der Verkauf von Strapsgürteln ging dagegen zurück. Eine Statistik im Museum besagt, dass 1969 in Frankreich noch 397854 Strapsgürtel gefertigt wurden, 1971 waren es nur noch 32521 Exemplare.

Wer schon das Miedermuseum besucht, eilt danach in Heubach oft in den Werksverkauf. Damen kämpfen um die schönsten Büstenhalter. Für gelangweilte Herren bietet es sich an, sich unterdessen mit der Geschichte der Landjäger zu befassen: Nein, nicht den Trockenwürstchen, sondern den Ordnungshütern, denn in Heubach hat ein pensionierter Polizeihauptkommissar alles über die örtlichen Landjäger, Gendarmen und Polizeibeamten zusammengetragen, was er finden konnte. Uniformen und Akten belegen: Für Sicherheit und Ordnung war in Heubach immer bestens gesorgt.

Wer also nach den Museumsbesuchen in Heubacher noch im alten Kühlschiff oder im Gewölbekeller der Brauerei ein Heubacher trinkt, sollte sich vor Verkehrskontrollen in Acht nehmen. In Heubach kann man sich das Bier „Altes Sudhaus" aber noch direkt in eine mitgebrachte 2-Liter-Kanne abfüllen lassen und erst nach der Heimfahrt daheim im Garten genießen. Um jedoch die richtige BH-Größe auszuwählen, muss man zunächst den Brustumfang über der Brustwarze und den Unterbrustumfang messen. Die Unterbrustweite bedeutet (auf- oder abgerundet): Unterbrustweite 76 cm ergibt Größe 75, Unterbrustweite 78 cm ergibt Größe 80 usw. Die Körbchengröße wird bestimmt, indem man den Unterbrustumfang vom Brustumfang abzieht. Sind es bis zu 14 cm Unterschied passt Körbchengröße A, bei 15 und 16 cm Körbchengröße B, bei 17 und 18 cm Körbchengröße C, bei 19 und 20 cm D bei 21 und 22 cm E und bei mehr Büstenpracht die Nummer F.

Männer im Korsett

Bei Korsetts denken wir an ein weibliches Kleidungsstück. Das war aber nicht von Anfang an so. Die Minoer – so zeugen Wandmalereien –, schnürten ihren jungen Männern wohl vor 3500 Jahren von klein an die Taille, um sie schlank wirken zu lassen. Die weibliche Schnürbrust hat ihr Vorbild in den Wämsern und so genannten Gänsebäuchen des 16. und 17. Jahrhunderts. Das eng taillierte und stark wattierte Wams der spanischen Adeligen, das in ganz Europa zu dem modischen Vorbild wurde, war hoch geschlossen und mit einer steifen, riesigen Hemdkrause versehen. Das Wams war mit engen Ärmeln verknüpft, die an der Schulter einen ausgestopften Wulst erhielten. Auch der Bauch war ausgestopft – meist mit Pferdehaar, denn an einem dicken Bauch erkannte man den wohlgenährten Herrn. Bewegen konnte man sich in dieser Kleidung kaum, aber es verlieh den Herren zusätzlich Würde, wenn sie so steif einherschritten. Im Zweifelsfalle boten die rüstungsähnlichen Kleidungsstücke wohl auch vor Messerstichen gewissen Schutz. Noch im 19. Jahrhundert waren Korsetts bei Geschäftsleuten nicht unüblich, unterstrich ein steifer Gang doch Würde und Verlässlichkeit.

Adresse:
Miedermuseum
Schlossstraße 9
73540 Heubach
Tel, 0 71 73/18 10

Öffnungszeiten:
Di 9–13 und 15–18 Uhr, Mi 9–12 und 15–18 Uhr, Do 9–12 Uhr,
Fr 9–12 und 13–17 Uhr, Sa 9–13 Uhr

Anfahrt mit öffentlichen Verkehrsmitteln:
Ab dem Böblinger Bahnhof mit dem FahrBus Gmünd 75, ab Aalen mit dem Bus 7922 oder ab Schwäbisch Gmünd mit dem Bus 1, jeweils bis Haltestelle Heubach Marktplatz.

Kuriositäten in der Nähe:
• Wentalweible – Felsen im Wental bei Bartholomä

Gummibärchen- und Stinkstrohblumen

Duftgarten Syringa in Hilzingen-Binningen

„Blumen sagen mehr als 1000 Worte" – lautete einmal ein Werbespruch der Floristen. Wer also seiner Nebensitzerin eine Stinkstrohblume überreichen möchte, um sie ans Duschen zu erinnern, wird bei Syringa fündig. *Helichrysum foetidum* ist der lateinische Name dieses Gewächses. „Foetidum" als Beiname verrät schon, dass die Pflanze nicht als Parfum verwendbar ist, sondern animalisch müffelt. Die mit dem weniger luftverpestenden Currykraut verwandte Stinkstrohblume hat etwas behaarte, leicht klebrige Blätter. Die Blüten sind ca. 1,5 Zentimeter gelbe Knöpfe. Den Antiduft bekommt die Beschenkte nur mit viel Seife wieder von den Händen ab. Weitere Pflanzen, die der Duftgarten Syringa in seiner Ecke der Stinker präsentiert, sind *Teucrium massiliensis*, der nach Erbrochenem oder Katzenklo duftende Stink-Gamander und der Stink-Gänsefuß, der im Garten den Geruch von verdorbenem Fisch verbreitet. Als Geschenk mit Aussage ebenso geeignet ist der Muskatellersalbei mit dem Achselschweißbouquet, das interessanterweise von Frauen wesentlich negativer beurteilt wird als von den schnuppernden Männern.

Blütenduft

Blüten müssen bestäubt werden, damit eine Pflanze sich vermehren kann. Meist geschieht dies durch Insekten. Um solche anzulocken, haben viele Blüten farbige Blütenblätter. Auch der Duft dient dazu, sich bei Insekten interessant zu machen. Nachtduftende Pflanzen locken Nachtfalter an. Manche ahmen im Geruch Sexuallockstoffe nach und locken liebestolle Falter in die Blüte. Nachtdufter haben meist unscheinbare, cremefarbige Blüten, da bei Nacht ohnehin alle Blüten grau sind und Nachtfalter besser schnuppern als sehen können. Rote Blüten mit intensivem Duft richten sich immer an Tagfalter. Da Bienen kein Rot wahrnehmen, aber im Gegensatz zu uns ultraviolett, werden sie von roten Blumen auch nicht übermäßig neugierig gemacht – und Bienen orientieren sich insgesamt mehr mit den Augen als anhand von Geruchssignalen. Blumen, die Bienen anlocken, duften meist nicht oder haben einen Honiggeruch. Warum aber gibt es Pflanzen, die stinken? Auch sie haben ihr Publikum. Pflanzen, die nach Aas, Verfaultem oder Mist riechen, locken damit Fliegen an, die einen Leckerbissen vermuten.

Wer lieber im Auto sitzt als im Grünen, für den bietet der Asphaltklee einen Kompromiss: Man kann im Garten sitzen und dennoch den Duft einer frisch geteerten Straße einatmen. Die Pflanze hat übrigens den botanischen Namen *Bituminaria bituminosa* und kostet deutlich weniger als ein voller Tank.

Für Weihnachtsfanatiker, die sich in langen Sommernächten schon in Adventsstimmung versetzen lassen wollen, bietet der Gärtnereibetrieb Gemshorn (*Matthiola bicornis*) an, einen starken Abenddufter. Er riecht nach Zimt, Vanille und Nelken. Ebenfalls weihnachtlich duftet der Sternbalsam aus Südafrika. Sein Geruch erinnert stark an Marzipan. Für übergewichtige Gummibärchen-Freunde gibt es die Gummibärchenblume®. An ihr zu schnuppern, macht garantiert nicht dick – und wer an ihr knabbern will, wird durch den bitteren Geschmack schnell an seinen guten Vorsatz, nicht mehr zu naschen, erinnert.

Im Duftgarten Syringa sind die Pflanzen nach Themen geordnet. Neben dem schon genannten Stinkbeet und dem Nachtduftbeet gibt es eine Ecke mit Schokoduftpflanzen, ein Beet mit Zitronendüften und eines mit verschiedenen Duftminzen. Interessant ist die Ecke mit Hexenkräutern und aphrodisischen Pflanzen, die sich für Liebeszauber eignen. Wer das andere Geschlecht nicht durch Charme überzeugen kann, sollte es mal mit *Schisandra chinensis*, der Beerentraube, versuchen.

Adresse:
Dipl. Biol. Bernd Dittrich
Bachstraße 7
78247 Hilzingen-Binningen
Tel. 0 77 39/14 52

Öffnungszeiten:
Von April bis Oktober Mo–Fr 9–18 Uhr und Sa 9–16 Uhr.

Anfahrt mit öffentlichen Verkehrsmitteln:
Ab dem Bahnhof Singen (Hohentwiel) mit dem SBG-Bus 7353 Richtung Tengen, Haltestelle Binningen/Krone (Fahrtzeit: ca. 40 Min.) Von dort aus ca. 500 m zu Fuß.

Kuriositäten in der Nähe:
• Gläserner Aufzug in die Altstadt in Engen
• Fasnachtsmuseum Schloss Langenstein bei Nenzingen-Orsingen

Da gehen die Uhren anders

Waaguhr im Zeitgeist-Museum im Rittnerhof in Karlsruhe-Durlach

In dem alten Gehöft auf dem Durlacher Turmberg scheint die Zeit stehen geblieben zu sein. Man begegnet Frauen und Männern, die auf den Wiesen nach Blättern für Löwenzahnpesto suchen, und anderen, die in Handarbeit die Gebäude schonend restaurieren. Die Uhren gehen hier anders: Sogar im Museum für öffentliche Uhren, wo riesige Zahnräder Zeiger antreiben und der Gongschlag die Ausstellungshalle erschüttern lässt. Ausgestellt sind Uhren für die Pariser Metro und für Fabriken: Uhren die das Leben vieler Menschen bestimmten.

Ein besonderes Ausstellungsstück stammt allerdings aus einer Zeit, in der noch keiner zur Straßenbahn rannte oder die Fabrik mit dem Sirenensignal verließ, um ja nicht seine Lieblingssendung zu verpassen. Eine mittelalterliche Waaguhr bestimmte die Gebetszeiten in einem Kloster.

Zeit im Kloster

Klosterurlaub ist in. Stressgeplagte Workaholics versuchen im Kloster eine Auszeit zu nehmen und ihrem Terminkalender zu entfliehen – und das, wo es die Klöster waren, die damit begonnen hatten, die Zeit genau einzuteilen.

Benedikt von Nursia hatte für seinen Orden genaue Regeln aufgestellt, die heute von vielen Klöstern geteilt werden und das Leben der Nonnen und Mönche prägen. Die Menschen, die in religiösen Gemeinschaften leben, sollten, so Benedikt, beten und arbeiten. Damit weder das eine, noch das andere zu kurz kam, wurden für Garten- und Feldarbeit, das Lesen und Abschreiben religiöser Schriften, das Essen und den Gottesdienst genaue Zeiten aufgestellt. Über den Tag verteilt gibt es Gebetszeiten, zu denen sich die Mitglieder eines Klosters zusammenfinden. Um 3 Uhr morgens werden zum ersten Mal am Tag Loblieder gesungen und ein Morgengebet gesprochen. Um 6 Uhr beginnen die Stundengebete, das erste ist die Prim. Um 9 Uhr folgt die Terz, um 12 Uhr die Sext, an die sich das gemeinsame Mittagessen anschließt. Um 3 Uhr nachmittags ist es Zeit für die Non. Um 18 Uhr folgt die Vesper, das Abendgebet. Um 9 Uhr abends beschließt das Komplet den Tag. Die Nachtruhe beginnt.

Es gibt Stunden, die sollten nie vergehen. Die Waaguhr kann die Zeit nicht anhalten, aber immerhin dauern manche Stunden, die sie anzeigt, 80 heutige Minuten lang. Im Mittelalter hatte zwar auch jeder Tag 12 Tagesstunden, doch änderte sich deren Länge nach der Jahreszeit. Man nennt dieses frühzeitliche, zeitbedingte Zeitmaß „Temporalstunden" – und die waren schon bei den Ägyptern und Römern üblich. Weil es im Sommer länger hell ist, dauerten auch die Stunden des Tages länger. Die Waaguhr teilt die Zeit von Sonnenauf- bis untergang durch zwölf. Auch die Nachtzeit wird in 12 Stunden eingeteilt. Am 21. Juni, der kürzesten Nacht des Jahres, dauerten die Nachtstunden damals nach heutigem Zeitmaß nur 40 Minuten lang.

Die ausgestellte Uhr wird durch zwei Gewichte angetrieben, die je an einem Seil hängen. Das Seil ist auf eine mit einem Zahnrad verbundenen Rolle aufgewickelt, die durch die Schwere des Gewichts gedreht wird. Das Seil wickelt sich kontinuierlich weiter ab – bis es jemand wieder aufwickelt. Damit sich die Rolle gleichmäßig dreht, hat die Uhr eine Hemmung in Form eines Waagbalkens. Der rhythmisch wippt und in die Zahnräder greift. An diesem Waagbalken sind kleine Gewichte befestigt, die je nach Position das Wippen beschleunigen oder verlangsamen. Insgesamt gibt es 26 Einstellmöglichkeiten. Nur am 23. September und am 21. März ist die Waage ausgeglichen. Dann hatte der Tag 24 gleich lang dauernde Stunden. Danach muss einmal in der Woche das Gewicht verschoben werden. Wer wissen will, wie relativ Zeit ist, sollte den Besuch im Museum auf keinen Fall verschieben.

Adresse:
Zeitgeist-Museum für öffentliche Uhren
Jean-Ritzert Straße 1
76227 Karlsruhe-Durlach

Öffnungszeiten
Sa 14–18 Uhr, So, Feiertag 11–18 Uhr

Anfahrt mit öffentlichen Verkehrsmitteln:
Ab der Straßenbahnhaltestelle der Linie 1 Durlach-Turmberg weiter mit dem Stadtbus 23 bis zur Haltestelle Eisenhafengrund, dann 20 Minuten zu Fuß. Der Spaziergang führt durchs Grüne und lohnt wegen der Aussicht.

Kuriositäten in der Nähe:
• Terrine in Form eines Salatkopfes im Badischen Landesmuseum, untergebracht im Karlsruher Schloss
• Blechdosenmuseum in der Karlsruher Südstadt

Da lässt sich was drehen

Museum für Schrauben und Gewinde in Künzelsau-Gaisbach

Diese Ausstellung kann sich sehen lassen, doch man übersieht sie leicht. Irgendwie wirkt das Museum für Schrauben und Gewinde neben dem benachbarten Kunstmuseum Würth und den auf dem Vorplatz stehenden Skulpturen etwas eingezwängt. Drinnen wird der Verbesserung des technischen Verständnises der Besucher aber dafür umso mehr Raum gegeben.

In den heiligen Hallen der Schraube wird deren Geschichte und Ursprung an vielen Beispielen erklärt, manche auch zum Ausprobieren. Abgespacete Displays aus Acrylglas winden sich spiralförmig bis an die Decke. Diese Exponathalter bergen Unmengen verschiedenster verschraubter Alltagsgegenstände und Werkzeuge, deren Funktionen teilweise auf Schautafeln beschrieben werden. Eine schraubkundliche Führung durch das Museum für den Besucher ohne Schraubkenntnis und handwerklicher Grundausbildung wird allerdings nicht angeboten.

Archimedes und seine Schraube

Eine geniale Erfindung machte Archimedes von Syrakus im 3. Jahrhundert v. Chr. im Griechenland der Antike. Er verwendete eine sich drehende Spirale, die in einer ansteigenden Rinne oder Röhre Flüssigkeit von einem niedrigen auf ein höheres Niveau fördern konnte. Dieses technische Prinzip wird bis heute auf unterschiedlichste Art und Weise mit der Schneckenförderung genutzt. Nebenbei erwähnt: Der Mathematiker, Physiker und Ingenieur berechnete darüber hinaus auch, dass man das Universum mit 10 hoch 64 Sandkörnern füllen könne, eine genauere Erklärung hierzu würde aber ein eigenes Buch ergeben …

Archimedes wurde der Überlieferung nach von einem römischen Soldat umgebracht, als das Genie gerade dabei war, geometrische Figuren in den Sand zu zeichnen. „Störe meine Kreise nicht", soll er zu dem Legionär gesagt haben, worauf dieser in Wut geriet und ihn erschlug.

Nach Archimedes ist heute ein Mondkrater im Mare Imbrium und eine südlich davon gelegene Bergregion, die Montes Archimedes, benannt. Das hätte ihm bestimmt gefallen.

Schrauben sind natürlich allgegenwärtig! So kann man das Motto des Gewinde-museums unumwunden zusammenfassen. Und neben dem genusseröffnenden Korkenzieher gibt es viele weitere Einsatzmöglichkeiten, bei denen man den Dreh raus haben muss. Wie beklemmend Schrauben sein können, zeigt die Medizintech-nik. Es wird dargestellt, wie Skalpellakrobaten sich der Schraube bedienten: durch Schädelbohrer, Maulsperren oder Lidklemmen.

Schraubenformen kommen auch in der Natur vor, hier fand der Mensch wahr-scheinlich die Grundidee zum ersten Schraubgewinde. Einige Schautafeln beschäf-tigen sich mit biologischem Geschnörkel, angefangen von der Erbinformation, die zu Doppelhelix-Schrauben gezwirbelt in unseren Zellen liegt. Gedrehte Hörner von Kudu-Antilopen, drehwüchsige Baumstämme und Pflanzenranken sowie das Phänomen des Wasserstrudels werden vorgestellt. Auch die Architektur liebt Ge-kreisel und Geringel; so wurden von den Museumsgestaltern Bilder von Wendel-treppen, dem Spiralminarett Samarras und antiken Triumphsäulen aufgehängt.

Aufschlussreich ist die Schraubenstatistik des Gaisbacher Museums: Eine Brille hat ca. 4 Schrauben, ein PC bringt es auf 120, ein Fahrrad auf 60 und bei einem Auto geht es bei 2000 Stück erst los.

Wussten sie eigentlich, dass man die Odol Mundwasserflasche seit 1940 mit Schraubverschluss kaufen kann? Sie steht in einer Vitrine neben einem leider schon ausgelöffelten Schwartau-Marmeladenglas mit Schraubdeckel. Ein leeres Gsälz-häfele hinter Glas? Das erhebt den gewöhnlichen Schleckl-Topf zum Kunstobjekt, passend zur Ausstellung moderner Kunst nebenan.

Adresse:
Reinhold-Würth-Straße 15
74653 Künzelsau-Gaisbach
Tel. 0 79 40/15-22 00

Öffnungszeiten
Mo–Fr 10–18 Uhr, Sa, So und Feiertage 10–17 Uhr

Anfahrt mit öffentlichen Verkehrsmitteln:
Ab dem Bahnhof Waldenburg mit dem Regionalbus 7 Richtung Künzelsau bis zur Haltestelle Gaisbach, Bundesstraße (Fahrtzeit: ca. 20 Min.).

Kuriositäten in der Nähe:
• Ausstellung zur Stammesgeschichte der Seeigel im Muschelkalkmuseum Hagdorn in Ingelfingen
• Mit einer Schrotflinte durchschossene Jeans im Mustang-Jeans-Museum in Künzelsau

Museum ohne Ausgang

Das Strafvollzugsmuseum in Ludwigsburg

Um Einlass in das Museum zu bekommen, muss man keine Straftat begehen, aber man muss klingeln. Erst dann schließt der „Anstaltsleiter" Erich Viehöfer das Museum von innen auf. Auch wer das Museum verlassen möchte, muss sich erst die große Eingangstüre aufsperren lassen. Wir sind schließlich in einem Gefängnis.

Das Strafvollzugsmuseum befindet sich in einem ehemaligen Gefängnisgebäude, das 1748 als Teil des Herzoglichen Zucht- und Arbeitshauses Ludwigsburg erbaut wurde. Dieses Haus diente im 19. Jahrhundert u. a. als erstes Württembergisches Jugendgefängnis und als Außenstelle der Festungsstrafanstalt Hohenasperg. Die Strafanstalt hatte berühmte Gefangene, so saß der Sonnenwirt, über den Friedrich Schiller seinen „Verbrecher aus verlorener Ehre" schrieb, hier ein.

Die Rote Armee Fraktion

Nach den grausamen Erfahrungen das Zweiten Weltkriegs versuchten die meisten Deutschen nach 1948 möglichst schnell wieder ein bodenständiges Leben zu führen. Die Frauen wollten daheim bleiben und die Kinder erziehen. Papa brachte Geld nach Hause. Wichtig waren schicke Möbel, ein Kleinwagen und dekorierte Schnittchen auf dem Tisch. Erst die Jugendlichen, die nach dem Krieg geboren waren, stellten die neuen alten Werte in Frage und protestierten für eine andere, eine sozialistische Wirtschaftsordnung. Ihr Feind waren die „Kapitalisten" oder das „Establishment". Ein Teil der Studentenbewegung radikalisierte sich; es schaukelte sich eine Welle der Gewalt hoch, begonnen bei Kaufhausbränden bis zu Entführungen und Morden. Bis zum „Deutschen Herbst" 1977 kamen 28 Menschen bei Anschlägen oder Schusswechseln ums Leben. Die Terroristen, die hinter den Gewalttaten standen, nannten sich R.A.F. – Rote Armee Fraktion, womit sie ausdrücken wollten, dass sie für den Kommunismus in Deutschland kämpfen. Die Zahl der Opfer scheint heute eher klein, doch damals erschütterte sie die Bevölkerung und gaben ihr das Gefühl nicht sicher zu sein. In Stuttgart-Stammheim wurde extra für die Terroristen ein Hochsicherheits-Gefängnistrakt errichtet. Doch trotz aller Vorkehrungen: Drei der Köpfe der R.A.F. – Andreas Baader, Jan Carl Raspe und Gudrun Ensslin – schafften es, in ihren Zellen Suizid zu begehen, nachdem es arabischen Flugzeugentführern in Mogadischu nicht gelungen war, die in Deutschland Einsitzenden freizupressen.

Die meisten Ausstellungsstücke sind neueren Datums. Sie stammen teilweise aus einer Lehrmittelsammlung, anhand der seit 1928 bis 1955 das Gefängnispersonal in Württemberg ausgebildet wurde. Den zukünftigen Aufsehern wurden Methoden früherer Ausbrecher gezeigt. Ein cleverer Knacki hatte sich eine Säge aus einem vom Arzt verordneten Korsett angefertigt, damit den Belagboden zersägt, die Schlacke herausgeschaufelt und ist so durch den Fußboden entkommen. Die Sammlung zeigt auch, wie Verbote im Gefängnis umgangen wurden, etwa mit selbst gefertigten Spielkarten oder eingeschmuggelten Tabakspfeifen. Wer als Insasse gegen die Hausordnung verstieß, musste allerdings damit rechnen, zum Arrest auf einem Quadratmeter ohne Tisch und Stuhl verdonnert zu werden. Auch die normalen Zellen waren nicht geräumig. Museumsbesucher können in eine Einzelzelle von 1930 blicken. Sie misst 1,67 auf 3,50 Meter. Das Bett lässt sich an die Wand klappen.

Dann wird es martialisch, denn auch zwei Guillotinen sind im Strafvollzugsmuseum aufgebaut. Die neuere aus leicht zu reinigenden Metallteilen wurde erst 1946 gefertigt. Sie stand in Rastatt, denn auch nach dem Zweiten Weltkrieg gab es in Deutschland noch Hinrichtungen. Neun Mal beförderte die ausgestellte Tötungsmaschine einen Menschen vom Leben in den Tod. Häufiger wurden die Fallbeile allerdings in den letzten Jahren des Nationalsozialismus gegen „Staatsfeinde" eingesetzt. Im oberen Stockwerk sind die neueren Ausstellungsstücke untergebracht. Wenn nicht gerade eine Sonderausstellung aufgebaut ist, sieht man hier, wie die Gefangenen der RAF sich die Zeit vertrieben.

Adresse:
Strafvollzugsmuseum
Schorndorfer Straße 38
71638 Ludwigsburg

Öffnungszeiten:
Di–Fr 9–12 und 14–16 Uhr, So 14–18 Uhr

Anfahrt mit öffentlichen Verkehrsmitteln:
Ab dem Ludwigsburger Bahnhof mit dem Bus 425 Richtung Oßweil oder mit dem Bus 422 Schlößlesfeld bis Haltestelle Blühendes Barock (Fahrtszeit: 4 Min.).

Kuriositäten in der Nähe:
• Theaterdonnerschacht im Schlosstheater Ludwigsburg
• Gängelband im Modemuseum Ludwigsburg
• Für sich selbst ausgestellte Drogenrezepte Gottfried Benns im Literaturarchiv in Marbach

Zermahlen gemalt

Hostienmühle in der Heilig-Kreuz-Kirche in Loffenau

Makaber ist das schon: Die Fresken in der Kirche in Loffenau begnügen sich nicht damit, den gekreuzigten Jesus darzustellen, sondern der Leichnam Christi wird auf dem zwischen 1440 und 1455 hergestellten Wandgemälde mit den Beinen voran von Gottvater in den Trichter einer Mühle gesteckt. Daneben sind die vier Evangelisten Matthäus, Markus, Lukas und Johannes abgebildet. Man erkennt sie an den Tierköpfen, die der Freskenmaler ihnen aufgesetzt hat: Markus wird immer als Löwe dargestellt, Lukas als Stier und Johannes als Adler. Die Evangelisten halten Spruchbänder, die sagen: „Das Wort ward Fleisch geworden".

Die dargestellte Mühle ähnelt ein wenig einer Kaffeemühle, denn sie wird durch eine Handkurbel angetrieben. Sechs Bischöfe drehen an der Stange und sorgen dafür, dass unten aus dem Kleiekotzer Hostien fallen, kleine runde Brote aus Mehl und Wasser, wie sie den katholischen Christen bei der Messe heute noch gereicht werden. Um den Mühltrog sitzen Papst Gregor und die Heiligen Hieronymus, Ambrosius und Augustinus, die man als Kirchenväter bezeichnet, weil sie in ihren Schriften die Bibel kommentiert und damit die Ansichten der Kirche und ihrer Mitglieder maßgeblich beeinflusst haben.

Ikonografie – Who is Who?

Bei mittelalterlichen Gemälden tragen die dargestellten Personen oft keine individuellen Züge. Um die alten Bilder verstehen zu können benötigen wir daher Hilfsmittel. Erst wenn man die Geschichte eines Symbols kennt, kann man es auch richtig interpretieren. Die Ikonografie beschäftigt sich mit Motiven in der Kunst und wie sie zu deuten sind.
Wer ein mittelalterliches Gemälde verstehen will, braucht ein Handbuch der Ikonografie. Hier findet man etwa, dass Anemonen auf einem Bild Leiden und Tod symbolisieren; die rote Nelke (nicht die rote Rose!) ist das Zeichen für echte Liebe. Heilige werden oft mit einem bestimmten Gegenstand dargestellt. Den heiligen Florian erkennt man an einem Krug mit Wasser oder einem Mühlstein, die Heilige Barbara hat oft einen kleinen Turm mit drei Fenstern in der Hand. Eichen stehen für Beständigkeit und der immergrüne Lorbeer für Sieg und Ewigkeit.

Auf andere Kulturen muss das wie ritueller Kannibalismus wirken: Auf dem Fresko fängt der Papst die Hostien in einem Kelch auf und lässt somit die um ihn stehenden Gläubigen an dem Wunder teilhaben. Es sind Menschen verschiedenster sozialer Gruppen, die sich versammelt haben, um den zermahlenen Leib Christi zu genießen. Allerdings stehen sie streng voneinander getrennt. Dies entspricht der mittelalterlichen Auffassung. Auch die Kirche ging damals davon aus, dass die Menschen nicht gleich geschaffen sind, sondern dass es Gottes Wille ist, dass die Könige und Ritter herrschen und kämpfen, die Mönche beten und predigen und die Bauern harte Arbeit verrichten. Jeden habe Gott an eine bestimmte Stelle gesetzt, auf der er sich zu bewähren habe. Von Demokratie noch keine Spur!

Die Vorstellung, dass das Fleisch des hingerichteten Jesu zu Oblaten gepresst wird, ist ausgesprochen morbide. Die Gläubigen sollten dieses Bild auch nicht als Darstellung der Wirklichkeit auffassen. Wahrscheinlich haben Prediger anhand dieser Bilder versucht zu erklären, dass Jesus von Gott, seinem Vater geopfert wurde, und dass jeder Christ von diesem Opfer profitieren kann. Allerdings verwandeln sich für den katholischen Gläubigen tatsächlich die Hostien bei der Segnung in Jesu Leib. Dass man seit dem 9. Jahrhundert kein normales Brot, sondern Hostien im Gottesdienst verwendet, liegt daran, dass man fürchtete, Brotkrümel könnten auf die Erde fallen. Und wenn auch Maler keine Scheu hatten, Jesus auf einem Bild als zermahlen darzustellen: zerbröseln ging zu weit!

Adresse:
Evangelische Heilig-Kreuz-Kirche
Untere Dorfstraße
76597 Loffenau

Öffnungszeiten:
Täglich ab 10 Uhr bis ca. 17 Uhr geöffnet.

Anfahrt mit öffentlichen Verkehrsmitteln:
Ab Gernsbach oder Baden-Baden mit dem Regionalbus 244 Richtung Bad Herrenalb bis Haltestelle Loffenau/Obere Dorfstraße.

Kuriositäten in der Nähe:
• Größte, handgeschnitzte Weihnachtskrippe der Welt ganzjährig in Enzklösterle
• Ältester deutscher Hochseilgarten in Enzklösterle
• Unimogmuseum in Gaggenau
• Koffermuseum in Kuppenheim

Wo Wasser Windmühlen bewegt

Die Schelmenklinge

Schon am Waldrand werden die Wanderer an einem kleinen, umfriedeten Teich von einem Pinguinpärchen begrüßt, das auf einem Inselchen steht. Wenn Sie auf dem Götzentalweg weiterwandern, können Sie die Abzweigung zur Schlemenklinge unmöglich verfehlen. Oft spielen hier Kinder im Bach oder werden von ihren Eltern überredet, die in der Klinge feucht gewordenen Socken zum Trocknen auszulegen. Die Schelmenklinge ist ein feucht-fröhliches Kinderparadies.

Das Bächlein treibt verschiedene Wasserspiele an, die gerade deswegen faszinieren, weil sie ohne Schnickschnack auskommen. Da steht etwa ein kleines Riesenrad aus zwei Fahrradfelgen, zwischen denen kleine Fahrkabinen für Puppen angebracht sind. Das Wasser treibt das Rad so sehr an, dass den Figurchen sicher schlecht wird, so rasant werden sie nach außen geschleudert. Ein Jahrmarktskarussell dreht sich Tag und Nacht im Kreis. Auf ihm sind Gummitiere befestigt.

In einigen der Wasserspiele sind Handwerker bei der Arbeit zu sehen. Schon von weitem hört man den Schmied an seinem Amboss, der Hammer wird durch das Wasserrad betätigt. Zwei verschiedene Sägewerke en miniature zeigen, wie früher Holz mit Wasserkraft zu Brettern verarbeitet wurde. Ins Backhäuschen wird bei

jeder Umdrehung des Wasserrades ein Brot in den Ofen geschoben, während der Fischer in regelmäßigen Abständen aus einem hellblauen Fischbassin einen Plastikfisch zieht.

Das kleine Kirchlein ist bunt bemalt. Seine Glocken läuten Sturm, während in einem mit Fachwerk bemalten Wohnhaus ein Storch im Kamin verschwindet und den Bewohnern ein Baby bringt.
Das Pärchen, das sich durch das Wasser angetrieben immer wieder küsst, ist verschwunden. Hoffentlich ist es bei der Reparatur. Immer wieder allerdings werden auch ab und an Teile der Wasserspiele von Banausen zerdeppert. Die Schelmenklinge ist nicht eingezäunt und den ganzen Sommer über tags und nachts frei zugänglich. Im Winter werden die Häuschen von Ehrenamtlichen neu lackiert und Schäden behoben. Auch örtliche Firmen helfen mit, wo Maschinen gebraucht werden. Da ist es schon erschütternd, dass es offenbar Menschen gibt, die den Kindern die Freude an den kleinen, beweglichen Stationen nicht gönnen!

Erwachsene mit Bewegungsdrang können diesen an dem gleich hinter der Schelmenklinge liegenden Wasserfall abreagieren. Er wurde künstlich zur Förderung des Fremdenverkehrs angelegt. 1894 wurde beschlossen, den letzten Aufstieg zur Schelmenklinge durch einen Steg zu verbessern, um Frauen und Kindern den Weg zu den wuchtigen Felsen zu erleichtern. Allerdings werden heute immer wieder auch Männer auf den Treppen gesichtet, die mit Kinderwagen im Arm über die Stufen Richtung Lorch-Bruck turnen. Wer vermeiden will, dass das Baby im Wagen seekrank wird, sollte lieber eine Kraxe oder ein Babytuch als Transportmittel wählen.

Infos:
Schwäbischer Albverein e.V., Ortsgruppe Lorch, Bäderhalde 21, 73457 Lorch

Anfahrt mit öffentlichen Verkehrsmitteln:
Ab Stuttgart mit der Regionalbahn oder dem Regionalexpress Richtung Schwäbisch Gmünd und Aalen. Hinter dem Bahnhof, auf der anderen Seite der Gleise, liegt ein großer Parkplatz. Hier die Kreisstraße überqueren, in die Straße „Am Venusberg" einbiegen und dieser bis zu deren Ende folgen. Sie mündet in die Götzentalstraße, mit dieser nach rechts weiter in den Wald.

Kuriositäten in der Nähe:
• Werksbesichtigung beim Leichenwagen- und Rettungsfahrzeughersteller Binz in Lorch
• Höchste bekannte Siedlungsdichte des seltenen Halsbandschnäppers in Schorndorf und Urbach

Vogelfrei

Papageien und Störche in Mannheim

Die größte Storchenkolonie Europas befindet sich im Spanischen Dorf Alfaro, die größte Deutschlands in Rühstadt, wo bis zu 40 Storchenpaare brüten. Das Dorf liegt zwischen Hamburg und Berlin. Mannheim aber darf von sich behaupten, dass sie die deutsche Großstadt ist, in der die meisten Störche innerstädtisch brüten. 1985 siedelte sich das erste Wildstorchenpaar im Luisenpark an und brütete erfolgreich. 28 Paare haben heute in dem Park ihr Nest, was in einer Stadt mit einer landesweit eher niedrigen Geburtenrate sehr überrascht! Bei den Störchen allerdings ist sie erfreulich. Etwa 50 Storchenküken können jedes Jahr neu beringt werden. Das geschieht, um ihren Werdegang und ihre Gewohnheiten besser studieren zu können.

Die Mannheimer Störche sind Faulpelze. Sie ziehen teilweise nicht mehr nach Afrika, sondern lassen sich den Winter über auf den Gewächshäusern warme Luft in das Gefieder pusten. Auch Futter finden sie in den Teichen das ganze Jahr über genug. Es gibt immer wieder Touristen, die einen Schreck bekommen, wenn sie

einen Storch sehen, der am Hals scheinbar blutet: In der Regel geht es den Tieren gut – aber sie haben es gelernt in den Mülleimern nach Pommestüten zu suchen – und da beschmiert sich Adebar ab und an mit Ketchup.

Im Park gibt es neben dem heimischen Weißstorch auch Exoten. In den Volieren leben Glanzstare, Beos und Bartvögel, Wellensittiche, Nimmersatts und Halsband-Tschajas. Sie sind, wie auch die Roten Sichler, hinter Gittern. Die Halsbandsittiche *(Psittacula krameri)* aber sind frei. Die auffallend grünen Tiere, die etwa 130 Gramm schwer werden, leben im Sommer zu großen Teilen im Park, übernachten aber auf ihren Schlafbäumen am Tor 5 der BASF. Die Exoten lieben Chemie, vor allem, weil sie durch die Abwärme der Fabriken auch deutsche Winter gut überstehen. Im Winter sind sie auch besonders gut zu beobachten, da sie in den kahlen Bäumen keine Tarnung haben.

Nahrung finden die Vegetarier genug. Die mögen Knospen und Früchte von etwa 50 einheimischen Baumarten. Papageien sind überzeugte Städter. Sittiche findet man eben nicht in deutschen Wäldern, aber gerade in Mannheim – das ja ohnehin als fremdenfreundlich gilt – haben sie sich angesiedelt.

Die Sittiche brüten besonders gerne in Platanen, denn sie bevorzugen Bäume mit glatter Rinde. Die Angst vor Schlangen, die in ihrer Heimat eine Gefahr für das Gelege darstellen, haben sie wohl auch bei uns noch nicht abgelegt.

Adresse:
Luisenpark
68165 Mannheim

Infos:
Stadtpark Mannheim gGmbH, Gartenschauweg 12, 68165 Mannheim

Öffnungszeiten:
Täglich ab 9 Uhr bis Einbruch der Dunkelheit (Mai bis August bis 21 Uhr);
Pflanzenschauhaus täglich 10–18:30 Uhr (November bis Februar 10.30–16.30 Uhr,
März und Oktober 10–17.30 Uhr); bei Schlechtwetter früherer Kassenschluss.

Anfahrt mit öffentlichen Verkehrsmitteln:
Ab dem Mannheimer Paradeplatz mit der Straßenbahn Nr. 5 Richtung Heidelberg bis
zum Fernsehturm (Fahrtzeit: 8 Min.).

Kuriositäten in der Nähe:
• Maulwurfschussanlage im Reiss-Engelhorn-Museum in Mannheim
• Größte Moschee Deutschlands, die Yavuz-Sultan-Selim-Moschee in Mannheim
• Hutformenfabrikation Karl Hechler in Mannheim-Ost

Siamesische Kälber fahren Ford

Das Fahrzeugmuseum Marxzell

Im Lexikon steht, ein Fahrzeug sei ein Verkehrsmittel. Was erwarten Sie also in einem Fahrzeugmuseum? Autos? Fahrräder? Motorräder? Jein! Auch die sind zwar im Museum der Familie Reichert zu sehen, doch sie sind nur ein Themengebiet in diesem verrückten Sammelsurium, untergebracht in einer alten Schmiede mit Wasserrad, vor der ein alter, farnbewachsener Tank steht. Zum Parkplatz des Museums weist eine angemalte, rostende Dampflok. Eine ausrangierte Straßenbahn dient als Schaufenster und Museumsshop.

Die meisten Exponate stehen in einer großen Halle mit Galerie. Unter den Ausstellungsstücken mit Rädern befinden sich Borgwards, Fords und Autos der Marke Rolls Royce, wie sich das in einem Automuseum schickt. Da sind aber auch Fahrzeuge der besonderen Art: Alte Kinderdreiräder, eine stoffbespannte Kranken-Bahre auf Rollen und ein Citroen Kegresse, der hinten mit Kettenantrieb ausgestattet ist und der 1931 den Himalaja überquerte.

Käsefondue im Feld

Wenn Sie es selbst mal in einer Feldküche zubereiten wollen: Hier ist das Fondue-Rezept der Schweizer Armee:

17 kg Greyerzer Käse	15 kg Brot
5 kg Emmentaler Käse	400 g Kartoffelstärke
11 l Weißwein	Pfeffer
0,3 l Zitronensaft	Muskatnüsse, gerieben
20 Knoblauchzehen	Paprikapulver

Erwärmen Sie den Weißwein mit dem Zitronensaft und dem gehackten Knoblauch zusammen im Kessel über dem Feuer. Fügen Sie den geriebenen Käse zu und kochen Sie die Masse unter ständigem Rühren auf. Verrühren Sie die Kartoffelstärke gleichmäßig in 1 l Wein und geben Sie sie in den Kessel. Kochen Sie das Ganze drei Minuten auf, schmecken Sie mit den Gewürzen ab und verteilen Sie dann das Fondue auf die Caquelons, je eines für 6 Soldaten.

Noch etwas älter ist die komplett ausgestattete Schweizer Feldküche von 1910 mit Riesenschneebesen, Kaffeemühle, Kaffeekanne mit Leinenfilter, Fleischwolf, durch die lange Lagerzeit schon ranzig gewordenen Kerzen und Huffett für die Pferde der Kavallerie. Die Gulaschkanone ist kardanisch aufgehängt, damit die Suppe auch in den Schweizer Bergen nicht aus dem Kessel schwappt, wenn der Weg holprig ist. Inlineskates von 1921, ein Warnschild, das einen ohnmächtigen Mann neben seinem Auto zeigt („Abgase sind giftig!") und eine Petroleumtankstelle von 1910 findet man ebenso in der Ausstellung wie den Traktor „Dieselross", Petroleumöfen für Eisenbahnwaggons und den süßen, knallroten MAICO, einen Artverwandten des VW-Käfers, der bis zu 85 km/h erreichte.

Der Sammelwahnsinn der Museumsgründer beschränkte sich aber nicht auf Fahrzeuge samt Zubehör: Es sind auch Drehorgeln ausgestellt. Auf einem Ford steht außerdem ein ausgestopftes Kalb mit zwei Körpern und einem Kopf. Es gibt einen alten Bechsteinflügel, ein Straußenei und einen Reichskocher zu sehen, den Sozialhilfeempfänger während der NS-Zeit vom Staat bekamen. Kein Zentimeter der Ausstellungshalle ist ungenutzt. Von der Decke baumeln, dicht an dicht, alte Kronleuchter und Fahrräder. Ein Horror für jeden Schwaben mit Putzfimmel – zum Glück befinden wir uns in Marxzell auf badischem Terrain!

In einem Nebenraum, voll gestopft mit Grammophonen, Radiogeräten und Musikapparaten, werden historische Autofilme gezeigt, bei denen in Schwarz-Weiß Rennwagen über die Leinwand flitzen.

Adresse:
Albtalstraße 1
76359 Marxzell

Öffnungszoiten:
Täglich 14–17 Uhr.

Anfahrt mit öffentlichen Verkehrsmitteln:
Ab Karlsruhe Albtal-Bahnhof: S1 Richtung Bad Herrenalb bis Haltestelle Marxzell (Fahrtzeit: 27 Min.)

Kuriositäten in der Nähe:
• „Wer das Trinkgeld thut vergessen, den soll gleich der Teufel fressen" und andere Sprüche auf den Ziegeln der Feierabendziegel-Sammlung Bernt in Bad Herrenalb
• 180 Jahre alte Kiefer ohne Kontakt zum Boden auf dem Torbogen der Klosteranlage Bad Herrenalb

Eingelegte Plastikgehirne
Scherzartikelgroßhandel in Metzingen

Metzingen selbst ist ein Kuriosum, eine Kleinstadt, in die täglich Horden von Kauflustigen einfallen, um bis zum Umfallen in den Outlets zu shoppen. Ob es ihnen helfen würde, statt Unmengen an Marken-Klamotten und -Shirts einen richtig verwest wirkenden Untoten aus glasfaserverstärktem Kunststoff zu kaufen, wie man ihn bei Cultstyles bekommen kann? Wer das Kampfshoppen nicht überlebt hat und ohne Geld in den Taschen gestorben ist, für den gibt es in dem in einem Firmengebäude untergebrachten, schmucklosen Laden einen günstigen Grabstein aus Kunststoff „Rest in Peace".

Die Adresse für Ekel und Grusel ist im Internet www.Rache.de. Aber auch im Ladengeschäft sind sie zu haben: Masken für die Mitarbeiter von Geisterbahnen, Gummispinnen mit Glasaugen, angemoderte Kunststoffleichen und aufklebbare Bleistifte, die durch die Hand gestochen wirken. Mit Hilfe einer Grusel-CD und wiederverwendbarer Riesenspinnennetze kann man auch daheim an Halloween heimelige Schaueratmosphäre schaffen. Vielleicht findet der eine oder andere gruselbegeisterte Besucher auch ganz spontan Gefallen an den eingelegten (Kunststoff-)Gehirnen oder einer Zombie-Katze für die heimische Vitrine. Man darf sich auch ganz ungezwungen ein grausam verstümmeltes Folteropfer in Ketten als Wandschmuck für die Veranda aussuchen. Ein abgehackter Finger auf dem Sofa oder im grünen Salat ist ja auch immer ein Wahnsinns-Gag, wenn die Schwiegermutter zu Gast ist. Im Racheshop kann man ihn erwerben – die Schwiegermutter wird allerdings nicht in Zahlung genommen, selbst wenn sie in das Sortiment passen sollte. Wer an einem eigenen, privaten Horrorfilmprojekt arbeitet oder einfach morbide Launen hat, findet hier Ausstattung und Inspiration.

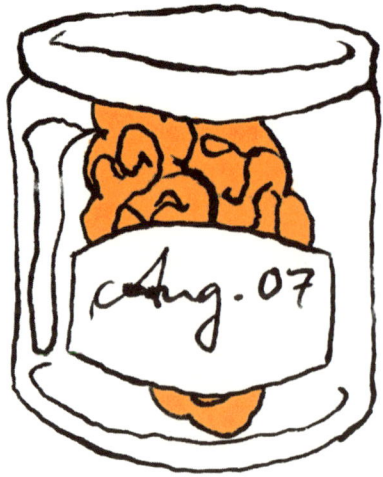

Doch nicht alles im Sortiment ist makaber. Zartere Seelen mögen sich für einen Stempel für heiliges Toastbrot begeistern, der eine Madonna auf das Brot prägt oder ein Hamsterrad aus Plastik kaufen, in dem das Stofftierchen durch die Computertastatur angetrieben wird. Soll es den Haustierhalter an die Sinnlosigkeit seiner Tipperei erinnern oder den Computerspieler auffordern, selbst mal wieder zu rennen?

Auch Praktisches für den Haushalt ist im Eldorado des käuflichen Witzes zu finden, etwa ein Flaschenkorken mit einem grün erbrechenden „kleinen Arschloch", aufblasbare und damit pflegeleichte Hunde sowie Einkaufstaschen, bei denen die Hand im Tragegriff aussieht, als läge sie um den Griff einer Pistole. Humorige Sitzpinkelschilder sind ebenso im Sortiment wie weitere Scherzartikelklassiker: der Plastikhundehaufen und das Geburtstags-T-Shirt für Vierzigjährige, das sich über ihre ersten Alterserscheinungen lustig macht.
Wer noch genügend Kraft zwischen den Lenden hat, kann das mit dem angebotenen Slip betonen, der einen Hengst zeigt. Penisfutterale mit einem Schafsgesicht aus Plüsch, das ein Määääh erschallen lässt, wenn man es drückt, ermöglichen auch Städtern ein Schäferstündchen in naturnaher Schallumgebung. Wem die Schäferin fehlt, kann mit Antistressbällen aus weichem Gummi in Brustform erotische Entspannung suchen. Wer bereits ein Weibchen oder Männchen gefunden hat, findet im Racheshop Accessoires für den Junggesellen- und Junggesellinnenabschied. Der Sinn einiger Produkte lässt sich vermutlich aber erst ab 1,2 Promille ergründen.

Begeisternd ist die Auswahl an Faschingskostümen. Egal, in was für eine Rolle man schlüpfen möchte: Bei Cultstyles gibt es das Outfit für Matrosen und Prinzessinnen, Kindermädchen und Feuerwehrmänner.

Adresse:
Cultstyles GmbH
Metzinger Straße 75, Eingang an der Ermsstraße
72555 Metzingen

Öffnungszeiten:
Mo–Fr 10–18 Uhr

Anfahrt mit öffentlichen Verkehrsmitteln:
Ab dem Metzinger Bahnhof mit dem RAB-Regionalbus 201 Richtung Glems bis Haltestelle Wielandstraße (Fahrtzeit: 2 Min.).

Kuriositäten in der Nähe:
• Grammophon in einer Stehlampe in der Grammophonsammlung Bad Urach
• Älteste Palmendarstellungen Europas im Residenzschloss Bad Urach
• Schmalste Straße Deutschlands in Reutlingen
• Zeugungsort Bertolt Brechts – der Bahnhof in Pfullingen

Christen mauern
Die Simultankirche in Mosbach

Als die erste Kirche in Mosbach, wohl schon zur Zeit der Karolinger im frühen Mittelalter, gegründet wurde, da war Mosbach eine kleine Mönchsgemeinschaft. Bis 1556 existierten die Stiftskirche und eine weitere Pfarrkirche für die Bürger der Stadt. Dann aber erreichte die Reformation den Ort.

Kurfürst Ottheinrich war ein Fan der neuen Lehre des Martin Luther. Die katholischen Gottesdienste schaffte er deshalb ab. Es galt die Regel: Der Herrscher bestimmt den Glauben – und so hatten die Mosbacher den Gottesdienst so zu feiern, wie der Kurfürst das befahl. Die Stadtkirche wurde überflüssig und abgerissen. Ihre Glocke bimmelt heute abends um 22.45 Uhr auf dem Rathaus, um die Kneipenbesucher an den Heimweg zu erinnern. In der Stiftskirche wurde für alle Mosbacher nach evangelischen Regeln gebetet und auf Deutsch gesungen. Erst 1622 wurden wieder Katholiken geduldet. Sie durften sich um die Seelen ihrer Glaubensgeschwister kümmern, waren aber immer davon abhängig, ob der jeweilige Landesherr ihre Religion genehmigte.

1698 war wieder ein Katholik in der Kurpfalz an der Macht, Johann Wilhelm, der lieber in Düsseldorf wohnte. Ihm war der Protestantismus ein Gräuel. Er förderte die Gegenreformation und holte den katholischen Mönchsorden der Jesuiten ins

Reformation

Im 15. Jahrhundert waren viele Menschen mit der Kirche nicht mehr einverstanden. Sie warfen dem Papst, Bischöfen, Priestern und Äbten vor, dass sie ihre Macht missbrauchten und dass sie sich ein bequemes Leben in Luxus gönnten, statt sich um ihre religiösen Aufgaben zu kümmern. Immer häufiger verkaufte die Kirche Ablassbriefe, die den Gläubigen versprachen, dass mit ihrem Erwerb alle Sünden vergeben waren und sie dem Fegefeuer entkommen sind. Dies war auch ein Grund für die Kritik des Dr. Martin Luther. Nach einem Streit um die Grundlagen des Glaubens schloss der Papst Luther aus der Kirche aus. Das war der Anfang der Reformation, während der die Kirche sich aufspaltete. Die neu entstandene evangelische Kirche lehnt das Papsttum ab. Sie ist überzeugt, dass Priester und Pfarrer keinen direkten Draht zu Gott haben als andere Gläubige und dass man sich Gottes Gnade nicht durch Wallfahrten oder gute Werke erkaufen kann.

Land. Die hatten ihn auch erzogen und wollten die Pfälzer wieder in den Schoß der katholischen Kirche zurückholen. Der Fürst siedelte Bayern an, hoffte auf deren katholischen Einfluss und zwang die Protestanten, die Katholiken in ihre Kirchen einzulassen. Weil es aber immer wieder zu Streit kam, mauerten die Mosbacher: 1707 wurde in die Kirche eine Wand eingezogen. Die Katholiken priesen Gott auf der Kirchturmseite und bekamen ihren Hintereingang, die Protestanten behielten das Kirchenschiff für sich.

Damit den protestantischen Mosbachern das Ave Maria nicht in den Ohren schmerzen konnte und die Katholiken nicht durch evangelische Posaunenfeierstunden belästigt werden, wurde die Mauer, die die Katholiken von den Protestanten trennt, schallgedämmt.

300 Jahre nach der Trennung haben die Mosbacher 2008 zwei Türen in die ein Meter dicke Mauer eingebaut – Katholiken und Protestanten können wieder zusammenkommen.

Adresse:
Evangelische Stiftskirche, Kirchplatz 5
Katholische Kirche St. Juliana, Kirchplatz 6
74821 Mosbach

Anfahrt mit öffentlichen Verkehrsmitteln:
Vom Bahnhof Neckarelz Bus BRN 833 bis Haltestelle Mosbach Lindengasse
(Fahrtzeit: 4 Min.).

Kuriositäten in der Nähe:
• Galgen in Mudau
• Zinndinosaurier im Zinnfigurenkabinett in Eberbach

Schildkröte und Hirschgeweih der Superlative

Das Carl-Schweizer-Museum in Murrhardt

Heute liegt Murrhardt im Schwäbisch-Fränkischen-Wald und es sagen sich dort zwar Fuchs und Hase gute Nacht, Schildkröten aber werden im Allgemeinen nicht gesichtet. Ihre große Zeit in Murrhardt war vor 210 Millionen Jahren, als das Gebiet Murrhardts noch von Meer bedeckt war. Im zu Stubensandstein gewordenen Meeresgrund wurde in Murrhardt-Mettelberg die älteste, versteinerte Schildkröte der Erde gefunden. Sie bekam den Namen *Murrhardtia Staeschei* und liegt heute auf einem Regal des Carl-Schweizer-Museums ziemlich nahe beim größten, je gefundenen Riesenhirschgeweih, welches man in der Nähe von Speyer fand.

Der Errichter des Museums war Präparator – und so liegt der Schwerpunkt der Ausstellung auf ausgestopften Tieren, die vor bemalten Wänden in einer lebendig aufgebauten Umgebung ausgestellt sind – und die kein Glas von den Besuchern trennt. Die Inszenierungen bieten viele Details: Ein Babyfuchs jagt einen Schmetterling, Luchse reißen einen Hirsch.

In einer Ecke stehen schneeweiße Schönheiten beisammen. Den Rehbock, der 1937 bei Göppingen-Jebenhausen erlegt wurde, schoss der dortige Förster Dr. Pfeiffer nicht selbst. Er ließ das seinen Jagdaufseher erledigen, denn noch immer ging die Angst um, dass der, der einen weißen Hirsch oder ein Reh schießt, im selben Jahr noch sterben wird. Der Schütze kam allerdings noch mit über 80 Jahren ins

Wild aufs Geweih

Hirsche unterscheiden sich von anderen Wiederkäuern durch ihr Geweih. Es besteht aus demselben Material wie die Knochen, wird jedes Jahr abgeworfen – und wächst in jedem Jahr neu nach. An sich sind die knöchernen Schaufeln eine riesige Energieverschwendung! Bei einem Elch kann das Geweih 30 Kilogramm wiegen und der Bulle muss Unmengen an Mineralstoffen zu sich nehmen, um einen solchen Kopfschmuck zu entwickeln. Aber wozu dieser Ballast auf dem Schädel?

Nun, die Weibchen scheinen kapitale Böcke ziemlich anziehend zu finden – und das mit Recht. Große Geweihe sind für die weiblichen Tiere ein Zeichen dafür, dass das Männchen Futter im Überfluss gefunden hat, um eine solche Pracht auszubilden.

Museum, um das von ihm erschossene Reh stolz in dem kleinen, künstlichen Nadelwäldchen des Museums stehen zu sehen. Zur Gesellschaft hat es 1939 eine Geiß und 1964 einen Dachs bekommen. Albinismus ist eine Mutation, die bei allen Tieren vorkommen kann; ihnen fehlen die Farbpigmente im Fell.

Eine Mutation, also eine genetische Veränderung, hat auch zu dem imposanten Hirschgeweih geführt, das über dem Portal der Ausstellungshalle hängt: Im Gegensatz zu „normalen" Geweihen hatte das Tier Sprossen nach hinten. Der Enkel Dr. Schweizers, der heute das Museum mit seiner Frau und seinem Sohn leitet, ärgert sich, wenn Jäger mutierte Tiere schießen. Man solle der Natur doch nicht ins Handwerk pfuschen, wenn sie Neues ausprobiert. Warum solle jedes Tier dem Standard entsprechen? Mutationen seien keine Krankheiten. Anders sieht es mit dem ebenfalls ausgestellten, blonden Perückengeweih aus. Das Reh hatte eine Hormonstörung, die verhinderte, dass der Bast sich vom Geweih löst. Er wucherte immer weiter. Und hätte man das Reh nicht geschossen, so wäre das Bast bis über die Augen gewuchert. Insekten hätten sich in den Haaren der Perücke eingenistet und das Tier wäre an Blutvergiftung verendet.

Alleine die Tiersammlung des Museums ist etwas Besonderes. Doch der Keller bietet weitere Ungewöhnlichkeiten: Da steht etwa die Fassade der Walterichskapelle. Schweizer hat sie einem Bauunternehmen abgekauft, das 1972 im Auftrag des Denkmalamtes beinahe alle Steine des romanischen Kirchleins erneuerte – und die alten Steine weiterverkaufte. Nicht die Kapelle am Murrhardter Friedhof ist heute die kulturhistorisch Bedeutsame, sondern die im Keller des Museums.

Adresse:
Carl-Schweizer-Museum
Seegasse 36
71540 Murrhardt

Öffnungszeiten:
Karfreitag bis Allerheiligen (1. November) Mo–Fr 11–12 und 16–17 Uhr,
Sa 11–12 und 15–17 Uhr, So und Feiertag 10–12 und 14–17 Uhr

Anfahrt mit öffentlichen Verkehrsmitteln:
Ab Stuttgart mit der Regionalbahn R3 bis zum Murrhardter Bahnhof
(Fahrtzeit: ca. 50 Min.).

Kuriositäten in der Nähe:
• Bullyland in Spraitbach
• Zauber-Accessoires im Kalanag-Museum Backnang

Zweibeiner auf Zweirädern

Zweiradmuseum Neckarsulm

Noch ein Museum? Jawohl, aber auch wieder nicht irgendeines. Es wird dringend geraten, das NSU Zweiradmuseum nicht bei Motorradfahrerwetter zu besuchen, man wird sonst vor lauter Aaah und Ohhh der Motorradenthusiasten, von auf den Knien liegenden Bikern mit Kamera und Ausrufen wie: „Da ist sie!" kaum einen ruhigen Museumsbesuch erleben dürfen. Diese Töff-Töff-Ausstellung ist wirklich toll! In der Heimatstadt der Firma NSU wurde eine Motorrad- und Automobilsammlung von Weltklasse zusammengetragen. Die Geschichte des Feuerstuhls mit und ohne Feuer wird von A bis Z praktisch lückenlos mit teilweise einmaligen Ausstellungsstücken dokumentiert. Die bekannten Motorradklassiker der ersten Stunde stehen betriebsbereit restauriert neben nie zuvor gesehenen Raritäten, experimentellen Gefährten, Rekord- und Rennfahrzeugen aller Klassen mit zwei und auch vier Rädern – ein kunterbuntes Motorrad für die ganze Familie mit fünf Sitzen, Expeditionsräder mit Aufklebern von allen Stationen ihrer abenteuerlichen Reisen und ein kriegerisches Ketten-Krad. Alles ist wohlgeordnet nach Epochen, Bauarten, Leistungsklassen, Firmen und Herstellerländern. Natürlich liegt ein Schwerpunkt auf den Produkten der Firma NSU, andere Hersteller kommen aber auch nicht zu kurz.

Das erste Motorrad

Im November 1885 war es soweit: Die zwei Ingenieure Wilhelm Maybach und Gottlieb Daimler hatten ihre neueste Entwicklung, den Verbrennungsmotor, in der Baugröße soweit verkleinert, dass er in ein zweirädriges Gefährt, den Reitwagen, verbaut werden konnte. Nach der Fertigstellung des einsitzigen Fahrzeuges in Bad Cannstatt wurde eine Testfahrt in das drei Kilometer entfernte Untertürkheim bei Stuttgart unternommen. Erfolgreich! Das erste Serienmotorrad wurde 1894 patentiert und in einer Stückzahl von wenigen hundert Exemplaren unter dem Namen Hildebrand und Wolfmüller verkauft. Dies war das erste Fahrzeug, das den Namen „Motorrad" trug. Es erreichte bereits eine Geschwindigkeit von 40 km/h – hatte aber dem Vernehmen nach Zündungsprobleme.

Zusätzlich findet man Ruhezonen mit Getränke- und Kaffeeautomat, sodass auch dem Museums-Gespräch mit anderen Motorradfreunden nichts im Weg steht.

Es ist unmöglich in einem Text auch nur annähernd zu schildern, was hier alles zu sehen ist – darum an dieser Stelle willkürlich herausgepickt ein paar ungewöhnliche Fahrzeuge: Die Megola ist ein seltsames Motorrad aus dem Jahre 1922, welches wie eine Mischung aus Motorroller und frühem Chopperbike wirkt. Die Besonderheit an diesem Motorrad ist, dass es durch einen Flugzeugsternmotor im Vorderrad angetrieben wird. Auch eine Rennversion der Megola ist ausgestellt.
Ein anderes komisches Kraftrad könnte aus der Werkstatt von Daniel Düsentrieb stammen: ein Wilkinson Autocycle aus dem Jahre 1910, das statt mit einem Motorradlenker mit einem Lenkrad wie beim Auto und einem bequemen Sessel ausgestattet ist.

In der Rennabteilung findet sich ein lustiges Mopedchen, die Victoria Weltrekordmaschine, mit der von Georg Dotterweich 1951 Rekordfahrten in der 50 Kubikzentimeter-Klasse unternommen wurden. Der Fahrer lag bäuchlings auf dem voll verkleideten Renndings und erreichte damit Geschwindigkeiten jenseits der 80 Stundenkilometer. Auch ein Raketenmotorrad mit über 2000 Pferdestärken ist zu sehen, das mühelos die 400 km/h-Marke knacken konnte.

Adresse:
Deutsches Zweirad- und NSU-Museum
Urbanstraße 11
74172 Neckarsulm

Öffnungszeiten:
Di–So und an Feiertagen 9–17 Uhr, Do 9–19 Uhr

Anfahrt mit öffentlichen Verkehrsmitteln:
Ab dem Neckarsulmer Bahnhof mit dem Bus NSU 32 Richtung Friedhof am Wald bis zur Haltestelle Museum (Fahrtzeit: 1 Min.).

Kuriositäten in der Nähe:
• Pekingentenzucht in Ilsfeld-Wüstenhausen
• Größte deutsche Schimpansengruppe im Leintalzoo in Schwaigern
• Glücksschweinmuseum in Bad Wimpfen
• Doppelt versteinte Hällische Straße – die einzige mit je zwei sich gegenüberstehenden Grenzsteinen in Deutschland
• Äolsharfen auf der Burgruine Weibertreu, die bei starkem Wind erklingen

Seeliger Blasenstein

Schloss Neuenstein

Das Schloss-Museum, das sich im Privatbesitz des Fürsten Kraft von Hohenlohe-Öhringen befindet, schläft einen Dornröschenschlaf. Eine kulturhistorisch nicht allzu beschlagene, aber nette Schlossführerin leiert den einstudierten Text bei jeder Führung vor den Zuhörern ab. Beschriftungen findet man kaum. Schade, denn was es in dem verwunschenen Renaissancegebäude zu sehen gibt, ist nicht nur kurios, sondern teilweise kunstgeschichtlich bedeutsam.

Verrücktes gibt es im Schlossmuseum, zu dem Gegenstände aus den verschiedenen Schlössern des Hauses Hohenlohe zusammengetragen wurden, in Hülle und Fülle: Schon außen im Schlosshof begrüßen den Besucher eigenartige Tiere. Ihr Kopf ist aus Gips, doch die Geweihe, die die Hirsche tragen, sind echt. Vielleicht wurden sie mit dem im Kaisersaal befindlichen, interessanten Gewehr geschossen, dessen Perlmutt-Intarsien erschrockene Bären zeigen. Ungewöhnlich sind auch die Hundepanzer aus schwerem Leinen, in die mit Lochstickerei Metallringe eingearbeitet wurden, damit die Jagdhunde bei der Wildschweinjagd nicht verletzt wurden – oder die Rüstungen, die alle eine Beule haben: Nicht aus dem Kampf, sondern weil nach der Herstellung durch einen Schuss auf das Metall die Qualität geprüft wurde.

Blasensteine

Inzwischen hat man Blasensteine entfernt, die die Größe des Gebildes in Neuenstein deutlich überschreiten. 1125 Gramm war der bisher größte Blasenstein schwer. Er hatte den Umfang einer Honigmelone und wurde in Ungarn operativ entfernt.

Bei Männern ist die Gefahr, dass sich in der Niere oder Harnblase ein Stein bildet, größer als bei Frauen. Besonders Personen, deren Blase sich nicht vollständig entleert oder die eine Harnwegsinfektion haben, sind gefährdet. Symptome sind Schmerzen im Unterleib, unfreiwillige Unterbrechungen beim Wasserlassen oder Blut im Urin. Vorbeugen kann man die Entwicklung der Steine, indem man ausreichend trinkt und Rhabarber, Innereien, Leber- und Blutwurst nicht im Übermaß verzehrt.

Im Schloss scheint der Wein in Strömen geflossen zu sein, aber nicht für jeden. Man bekommt in Neuenstein eine Weinkellertüre mit 15 Riegeln zu sehen, die verhinderte, dass die Bediensteten sich ein Gläschen genehmigten. Die Schlossherren aber sprachen dem Rebensaft wohl gern und viel zu. Ein Highlight der Trinkkultur ist ein drei Liter fassender Glaspokal, in den jeder seinen Namen mit einem Diamant einritzen durfte, der es geschafft hatte, das mit Burgunder gefüllte Glas in einem Zug zu leeren. Das Spiel scheint eine Art adeliges Komasaufen gewesen zu sein. 102 Männer haben die Aufgabe mit Erfolg erledigt – und drei Frauen. Es ist unbekannt, ob sie warten mussten, bis sie nüchtern wurden, ehe sie den Namen schreiben konnten. Damit die Gäste aber auch etwas Geld für die Zeche dalassen, wurde ein aufziehbarer Bettelmönch aus vergoldetem Silber auf den Tisch gesetzt. Er lief mechanisch angetrieben herum. Wer ihm nichts gab, musste zur Mitternachtsmesse. Nicht genug getrunken hat aber wohl der Besitzer eines Blasensteins, den man 1637 für den größten der Welt hielt. Der unselige Stein wiegt 12 Lot, etwa 180 Gramm. Der Text, den die Gattin zu dem in einem mit Totenköpfen bunt verzierten Metalldöschen aufbewahrten Stein verfasste, lautet: „Dieser Stein ist in meines gnädigen Herrn seeliger Blase gefunden worden.". Im gleichen Raum kann man ebenso einen Sägefischkiefer und einen Hut König Gustav II. Adolfs von Schweden bewundern.

Ein Bild aus weniger lustigen Zeiten ist eine Zeichnung, die den Leichenzug für Philipp Graf von Hohenlohe-Neuenstein von 1606 darstellt. Die Personen sind wegen der wütenden Pest zur Unkenntlichkeit verhüllt. Nur die unter die dargestellten Personen geschriebenen Namen verraten, wer zum Kondolieren kam. Das Bild des Zuges ist 8 Meter lang.

Adresse:
Schlossstraße 49
74632 Neuenstein
Tel. 0 79 42/22 09

Öffnungszeiten:
16. März bis 15. November Di–So 9–12 und 13.30–18 Uhr

Anfahrt mit öffentlichen Verkehrsmitteln
Ab Schwäbisch-Hall-Hessental (Fahrtzeit: 20 Min.) oder Heilbronn (Fahrtzeit: 27 Min.) mit der Regionalbahn oder dem Regionalexpress bis Neuenstein.

Kuriositäten in der Nähe:
• Haifischgebisse im Meeresmuseum Öhringen-Cappel
• Neidköpfe an Altstadthäusern in Öhringen
• Emailleschilder-Galerie im Auto- und Motorradmuseum Öhringen

Golfen im Erdbebengebiet

Seepark-Golf in Pfullendorf

Minigolf? Da denkt man an deutsche Urlauberinnen der 1950er in Italien, die mit Pepitaröcken, Sonnenhüten und Golfschlägern an kleinen Betonbahnen stehen. Doch in Pfullendorf gibt es keinen Lago Maggiore, dafür aber einen umfunktionierten, touristisch erschlossenen Baggersee.

Das bedeutungsvoll als Seepark bezeichnete Gelände, das 2001 als Grünprojekt „Natur in Stadt und Land" angelegt wurde, ist bis auf weiteres noch ein gartenarchitektonisches Hoffnungs-Areal – sehr geplant, sehr kultiviert und noch nicht so recht ausgewachsen. Die Minigolfanlage jedoch ist eine Reise wert, denn alle Bahnen zeigen eine überbordende Phantasie der Erfinder.

Bei der Bahn „Schwäbisches Erdbeben" spielt man den Golfball über einen federnden Untergrund. Wenn man ihn einlochen will, braucht man nicht nur ein ruhiges Händchen, sondern auch einen ruhigen Stand. Bei der Bahn mit dem Namen „Sän-

Eingedellt

Die Golfregeln bestimmen, wie der kleine weiße Ball beschaffen sein muss, den die Spieler durch einen festen Schlag über weite Strecken durch die Luft fliegen lassen. Der Ball darf nicht kleiner als 42,67 Millimeter im Durchmesser sein. Eine Beschränkung nach oben gibt es nicht. Kleine Bälle fliegen weiter, allerdings biegen sie auch eher ohne die Absicht des Spielers nach rechts oder links ab.

Der Golfball darf – laut Regeln – auch nicht mehr als 45,39 Gramm wiegen. Schwerere Bälle würden weiter fliegen. Ein Golfball besteht aus einer harten Kunststoffschale mit unterschiedlichem Inhalt. Manche Bälle sind innen flüssig, andere enthalten ein aufgewickeltes, 250 Meter langes Gummiband, wieder andere einen Metallkern.

Die Oberfläche des Balls ist mit mehreren hundert in einem Muster angeordneten kleinen Dellen versehen. Bei manchen Bällen sind die so genannten Dimples alle gleich groß, bei anderen gibt es sieben verschieden große, runde Einbuchtungen. Ohne diese an Cellulitis erinnernde Oberfläche würde der Ball kaum ein Drittel so weit gespielt werden können. Die Dellen verhindern Luftwirbel.

tis" muss man den Golfball vorsichtig in eine Bergbahn schubsen, die ihn unter Almjodlern und zu Kuhglockengeläut auf ein Hügelchen transportiert, von dem aus der Berg wieder ins Tal Richtung Loch rollen muss. Beim „Rheinfall" kann man den Ball über verschiedene Wege einen kleinen Wasserfall hinunterwandern lassen. Je nachdem, welchen Weg er wählt, sind Umwege in Kauf zu nehmen. Die Oberstdorfer Skisprungschanze verlangt von den Spielern, dass sie den Ball bergauf spielen, bis er oben in einem Loch verschwindet und auf einer 7 Meter langen Bahn Anlauf nimmt. Unten angekommen springt der Ball mit Schwung Richtung Loch. Eine Bahn spritzt die ahnungslosen Golfer nass, eine andere erschreckt sie mit den Stimmen von Burggeistern im Schloss Ritter Golffrieds des Ersten. Jede der 18 Bahnen ist auf ihre Art ungewöhnlich und voller Überraschungen.

Für Kinder gibt es oft eine einfachere Variante. Es geht nicht um das Gewinnen. Bei der durch Unternehmen gesponserten und von Langzeitarbeitslosen betreuten Anlage steht der Spaß im Mittelpunkt. Für den Arbeitgeber, das Werkstättle, geht es um die Reintegration von Menschen mit geringen Chancen auf dem Arbeitsmarkt. Im Kassenhäuschen werden neben witzigen Souvenirs auch Gegenstände der Initiative Loony-Design angeboten. Loony ist umgangssprachlich und heißt zu Deutsch „bekloppt". Die Marke bietet mit Selbstironie Produkte an, die von Designstudenten entworfen und von psychisch kranken Menschen in Werkstätten der Diakonie gefertigt werden.

Adresse:
Seepark-Golf
Im Seepark Linzgau
88630 Pfullendorf

Öffnungszeiten:
Mo–Fr 11–19 Uhr (letzter Einlass); Abendgolfen: Juni–September jeden Fr bis 23 Uhr; Sa und So 10–20 Uhr (letzter Einlass). Während der Schulferien in Baden-Württemberg täglich 10–20 Uhr geöffnet.

Anfahrt mit öffentlichen Verkehrsmitteln:
Ab dem Bahnhof Sigmaringen mit dem Regionalbus 103 Richtung Pfullendorf bis zur Haltestelle Pfullendorf/Otterswanger Straße (Fahrtzeit: ca. 40 Min.).

Kuriositäten in der Nähe:
• Pseudokeltischer Baumkreis in Wald/Hohenzollern
• Weltweit einzig erhaltenes Schakomobil im Oldtimermuseum Messkirch
• St. Eulogiuskirche auf der Europäischen Hauptwasserscheide in Aftholderberg: Die eine Dachseite entwässert zum Rhein und die andere zur Donau.

Und ruft das Vaterland ...

Militärkitsch in Rastatt

Im Rastatter Museum für Wehrgeschichte bleibt dem Betrachter oft das Lachen im Halse stecken. Es ist kein Museum, das Waffenfreunde und Ewiggestrige bedient, sondern ein Museum, das die Veränderung von Kriegen seit dem 15. Jahrhundert vor Augen führt. Der Schwerpunkt liegt in der Zeit der Napoleonischen Kriege bis zum Zweiten Weltkrieg. Es zeigt beide Seiten: die zeitweise groteske Kriegsbegeisterung – und ergreifende Soldatenzeichnungen aus dem tödlichen Alltag der Schützengräben. Das Museum ist wichtig und gut, aber auch bedrückend und erschreckend.

Gleichzeitig verrückt und beklemmend sind die Erinnerungsstücke von Soldaten aus dem Ersten Weltkrieg: Ballerromantik pur: „Wir streiten für Deutschland Ehre mit dem Maschinengewehre" verkündet ein gestickter Wohnzimmerschmuck, der mit einer Oblate in Gewehrform verziert ist. Ein weiteres Bild enthält ein eingeklebtes Foto zwischen Farnen und getrocknetem Edelweiß. Silberfäden verkünden; „Zur Erinnerung an meinen lieben Mann. Er starb den Heldentod fürs Vaterland." In einer Vitrine werden Brieföffner aus Granatsplittern, ein Trinkglas aus einer Pro-

Kriegsbegeisterung 1914

Im Ersten Weltkrieg herrschte zu Beginn eine große Kriegsbegeisterung vor. Soldaten, die in den Krieg aufbrachen, wurden auf der Straße von Frauen mit Schokolade und Blumen beschenkt. Es wurde musiziert und gesungen. Begeistert rannten Kinder mit den Soldaten mit. Für die jungen Männer bedeutete der Krieg: Freiheit, hinaus aus den engen Familien, Abenteuer. Die Züge Richtung Frankreich waren mit Slogans beschriftet, die zeigten, dass niemand mit einem langen Krieg rechnete: „Auf zum Preisschießen nach Paris!" „Spaziergang nach Paris!". Der Hurra-Patriotismus zeigt sich auch in vielen Liedern der Zeit: „Der Kaiser hat befohlen / ihr Deutschen rückt ins Feld / Die Buben zu versohlen / die sich um uns gestellt / Nun geht's hinaus zur Wehr / und unsere Losung heiße / Hurra, hurra, hurra / viel Feinde, viel Ehr'.
Der Erste Weltkrieg forderte fast 10 Millionen Todesopfer und etwa 20 Millionen Verwundete unter den Soldaten. Die Anzahl der zivilen Opfer wird auf weitere 7 Millionen geschätzt.

jektilspitze und Aschenbecher aus Geschosshülsen gezeigt. Als Erinnerungsstück konnte alles dienen, was auf dem Feld zu finden war, und sei es ein Stück Knochen eines im Gefechtfeuer zerschmetterten Rindes. Schön mit Eichenlaub und einem eisernen Kreuz, einem Herz und einer Krone bemalt, erinnert ein Schulterblatt an die drei Söhne des Pentalion Weinmann aus Reinsheim. Etwas weniger makaber ist der Wandbehang aus Schulterklappen, eine Patchworkarbeit, deren einzelne Teile ein weiches, eisernes Kreuz ergeben.

Dienstzeiterinnerungen brachten auch die heim, die nicht in einem Weltkrieg kämpfen mussten. Reservistenkrüge nennen die Kompanie und den Ort, bei dem der Soldat ausgebildet wurde. Die Krüge mit Deckel sind aufwändig und farbenfroh. Sie dienten in einer Gesellschaft, in der das Militär ein hohes Ansehen genoss, als Statussymbole. Der Wunsch nach Weltgeltung wird in der Reichs-Colonial-Uhr sichtbar, die neben Elefantendarstellungen und Schiffsbilden mit zwei Slogans geschmückt ist: „Kein Sonnenuntergang in unserem Reich" und „Unsere Zukunft liegt auf dem Wasser". Im Zifferblatt dreht sich eine Scheibe. Sie zeigt die Ortszeiten in den damaligen deutschen Kolonialgebieten in Afrika, China und in der Südsee.

Das Museum zeigt: Die Begeisterung für das Militär macht auch vor Kindern nicht Halt. Sie wurden in Spieluniformen gezwängt und durften als Krankenschwestern und Soldaten nachspielen, was ihnen die Großen vormachten. In Bilderbüchern wurde in Karikaturen gezeigt, welche Feinde es zu bekämpfen gilt.

Adresse:
Wehrgeschichtlichen Museum im Schloss Rastatt
Herrenstraße 18
76437 Rastatt

Öffnungszeiten.
November–März Di–So und Feiertage 10–16.30 Uhr, April–Oktober Di So und Feiertage 1–17.30 Uhr, 24., 25. und 31. Dezember geschlossen, 1. Januar ab 13 Uhr geöffnet.

Anfahrt mit öffentlichen Verkehrsmitteln:
Ab dem Rastatter Bahnhof mit dem Stadtbus 239. Haltestelle Rheintorstraße (Fahrtzeit: 7 Min).

Kuriositäten in der Nähe:
• Binnendünen bei Hügelsheim
• Friedenskreuz in Bühl-Rittersbach, in dem ein Stein aus Monte Cassino, einer des Calvarienberges und ein Stück Westwall verarbeitet wurden.

Der versteinerte Kanzler

Sprechende Steine in Oberwittstadt

Manch einer sieht Schäfchen und Gesichter in den Wolken. Doch nach wenigen Sekunden sind sie vorbeigezogen. Der Pfarrer Julius Hügel schaute nicht zum Himmel, wie man das bei seinem Beruf erwarten dürfte, sondern auf die Steine zu seinen Füßen. In vielen fand er Gesichter, Figuren und Geschichten.

Pfarrer Julius Hügel stammte aus dem Odenwald und hat nach seinem – durch den Zweiten Weltkrieg und seine Kriegsgefangenschaft unterbrochenen – Studium der Philosophie und Theologie lange in Elztal als Pfarrer gearbeitet. Der Geistliche verbrachte seinen Urlaub oft in Fließ in Tirol und ließ nicht nur die Beine, sondern auch die Gedanken wandern. Eines Tages fand er auf dem Weg einen schwarzen Stein mit weißen Quarzmustern. Er sah in ihm das Portrait des deutschen Kanzlers Adenauer. Noch andere Menschen erschienen ihm auf Steinen, und sogar biblische Personen wie Abraham und Simeon – sogar den Herrn selbst fand er in den Quarzzeichnungen wieder. Ein Stein zeigte Jesus im Tempel.

Kieselsteine verwendete der Pfarrer im Beruf gerne, um religiöse Gedanken anschaulich zu machen. Er verfasste und veröffentlichte Meditationen zu den Lebensstationen des Menschen, die er mit Steinen bebildert hat; der Titel: „Steine in meiner Hand".

Die Kraft der Flüsse

Die Alpen sind ein junges Gebirge. Es ist noch nicht einmal ausgewachsen, doch schon wird es klein gemacht, und zwar durch Wasser und Frost. Man nennt dieses Phänomen Verwitterung. In den Bergen sind die Temperaturschwankungen stark – und Wasser, das in Ritzen dringt und dann gefriert, sprengt ganze Gesteinsbrocken ab. Wasser und Pflanzen greifen das Gestein auch chemisch an. Auf die Verwitterung erfolgt die Abtragung. Die Bruchstücke gelangen durch die Schwerkraft, durch Gletscher und Flüsse ins Tal. Die Steinbrocken rollen und springen, reiben aneinander, werden in kleinere Stücke gebrochen oder abgeschliffen. Wenn der Fluss aus dem Hochgebirge in flachere Gegenden kommt, wird die Fließgeschwindigkeit langsamer. Zuerst werden die großen Felsbrocken abgelagert. Wird der Fluss noch behäbiger, so lässt er Kieselsteine zurück. Erst auf dem Weg zum Meer wird das Wasser so träge, dass Sand und Schlamm sich im Flussbett absetzen.

Manchmal nahm Pfarrer Hügel eine Feder und verstärkte die weißen und schwarzen Zeichnungen der Steine, was zeigt, dass auch ein Pfarrer manchmal künstlerisch ein bisschen in Gottes Schöpfung eingreifen mag. Kaum einen Stein behielt er für sich, aber er fotografierte sie. Als er ein Sonderangebot für Fotoposter fand, ließ er seine Fotografien vergrößern. Die Steine verschenkte er an Kinder. Zwei Vitrinen voller Kiesel sind jedoch im Heilig-Haus zu sehen.

Einige Verwandte des verstorbenen Pfarrers halten das Museum und somit das Gedenken an den Sammler am Leben. Untergebracht ist die Ausstellung in einem denkmalgeschützten Haus von 1787, das liebevoll saniert wurde. Sogar die Wanddekore wurden erhalten.

Wie kam es aber zu den Bildern in den Steinen? Quarz ist das zweithäufigste Mineral der Erdkruste und kommt in verschiedenen Kristallformen vor. Besonders in Sandstein befinden sich viele Quarzsteinchen. Quarz ist zwar ziemlich hart, aber bei der Entstehung der Alpen wurden dennoch Quarzkörnchen so gequetscht, dass der Druck ausreichte, um das Kristallgitter aufzulösen und neu zu ordnen. Es entstanden dichte, gemaserte Steine ohne Zwischenräume, die aus verschiedenen Mineralien zusammengesetzt sind. Man nennt sie metamorph, das heißt übersetzt „umgestaltet" und bedeutet, dass aus älteren Gesteinen ein neues, anders aussehendes Gestein entstanden ist.

Adresse:
Museum Sprechende Steine
Herderstraße 19
74747 Ravenstein-Oberwittstadt
E-Mail: kontakt@sprechende-steine.de

Öffnungszeiten:
März bis Dezember am 1. Sonntag im Monat 14–17 Uhr und nach Vereinbarung.
Der Eintritt ist frei.

Anfahrt mit öffentlichen Verkehrsmitteln:
Ab dem Bahnhof Osterburken Bus BRN 844 (Richtung Krautheim oder Merchingen),
Haltestelle Oberwittstadt-Ort (Fahrtzeit: etwa 20 Min.).

Kuriositäten in der Nähe:
• Meterschnitzel in Werners Kneipe in Oberwittstadt
• Hinab durch die Mitte in Sennfeld: Durch einen Brunnen blickt man scheinbar durch die Erde hindurch auf den Sternenhimmel der Südhalbkugel.
• Skulptur zweier in Lichtsignalen miteinander redender Straßenlampen im Stadtpark Adelsheim.

Fische ahoi!

Die Fischtreppe in Rheinau-Gambsheim

Fische und Gämsen sind sich nicht unähnlich: Sie können klettern. Und wenn die Menschen die Fische beim Bergsteigen beobachten wollen, dann müssen auch sie Treppen steigen, allerdings hinunter statt hinauf. Unter der Wasseroberfläche des Rheins liegt das Besucherzentrum der Fischtreppe in Rheinau-Gambsheim. Hier können Interessierte sehen, wie die Fische springen und so starren die Besucher unterirdisch auf riesige Glasscheiben, hinter denen das Wasser des Rheins tost und Strudel bildet. Der Raum wirkt etwas unheimlich, trotz der Infotafeln, Aquarien und der Bodenbemalung, die den Verlauf des Rheins zeigt.

Vor der Fensterfront werden auf Tafeln die Tiere gezeigt, die man mit Glück im tobenden Wasser sehen kann: Wanderfische, wie man Meerneunaugen, Lachse, Aale, Meerforellen und Maifische nennt, haben die Wanderlust im Blut. Meerforellen und Lachse wandern als Jungfische ins Meer, fressen sich dort drall und rund, kehren aber um zu Laichen wieder in ihre Heimatgewässer zurück. Dabei leitet sie ihr Geruch zu den Gewässern ihrer Kindheit, wo sie erschöpft ankommen und eine

Bettenbau mit Folgen

Bis 1810 durfte sich das Rheinwasser seinen Weg von Basel bis Mainz selbst suchen. Ab und an verlagerte der Rhein sein Bett – und dann musste auch die französische Grenze neu vermessen werden. 1809 beschloss dann der badische Ingenieur und Offizier Johann Gottfried Tulla, den Rhein zu verkürzen, an seinen Ufern Dämme zu errichten und die Schlingen zu durchstechen. Der Rhein sollte um 81 Kilometer verkürzt und nur noch 200 bis 250 Meter breit werden, dafür aber so tief, dass Schiffe auch bei niedrigem Wasserstand fahren können.

Für die Schifffahrt war die Begradigung des Rheins ein Erfolg – und zu Überschwemmungen kam es seltener, da der Grundwasserspiegel sank. Auch die Malaria konnte bekämpft werden. Aber die Brunnen rechts und links des Rheins fielen trocken und die Auenwälder verdorrten. So griffen Ingenieure zum zweiten Mal ein. In den 1970er Jahren wurden Staustufen errichtet, die zwar Schiffen über Schleusen die Weiterfahrt ermöglichten, die es aber Fischen unmöglich machten über den Rhein von der Nordsee in den Bodensee zu gelangen. Nun versucht man den Schaden wieder gut zu machen – unter anderem mit dem Bau von Fischtreppen.

neue Generation ihr Leben beginnt. Aale legen den Weg anders herum zurück. Alle Aale Europas und Amerikas kommen wahrscheinlich in der Saragossasee zwischen Florida und den Bahamas zur Welt. Drei Jahre sind sie unterwegs, bis sie in die europäische Gewässer gelangen. Die Weibchen schwimmen oft bis in den Bodensee, um dort erwachsen zu werden. Sobald sie geschlechtsreif werden, im Alter zwischen 6 und 14 Jahren wandern die Aale dann wieder zurück in den Atlantik. Weibchen scheinen das deutsche Schmuddelwetter dabei länger zu ertragen als ihre männlichen Artgenossen. Die Wanderfische paaren sich vor den Bahamas, wie es ihre Eltern getan haben. Dabei wählen die badischen Fische meist wieder badische Partner – no koine usländische Leit!

Die Wahl der Reiseroute lässt den Wanderfischen aber manch graue Schuppen wachsen: Wasserkraftwerke mögen ökologisch sinnvoll sein, weil sie keine Abgase produzieren, viele Wanderfische aber gelangen auf ihrem weiten Weg in Turbinen. Fischtreppen sollen ihnen helfen, ihre Reise unbeschadet zu überstehen und auch fischwidrige Staustufen zu überwinden.

Die Fernwanderer unter den Fischen steigen in die Fischtreppe an einem Eingang mit starker Strömung ein. Auch lokale Rheinfische überwinden auf der Fischtreppe die Staustufe 309, allerdings wählen Rotauge & Co. den Eingang mit der sanfteren Strömung.

Adresse:
Passage 309 – Rheinareal Gambsheim/Rheinau
F-67760 Gambsheim

Öffnungszeiten:
Vom 3. Wochenende im März bis 31. Oktober täglich 10–13 Uhr und 14–18 Uhr, dienstags geschlossen; 1. November bis Januar So 14–17 Uhr; Februar bis 3. Wochenende im März So 10–12.30 Uhr und 14–17 Uhr.

Anfahrt mit öffentlichen Verkehrsmitteln:
Es gibt von Kehl aus den Regionalbus 301, von Achern aus den Bus 405, die zum Freistädter Busbahnhof fahren, doch von dort benötigt man zu Fuß etwa 45 Minuten bis zur Fischtreppe. Autofahrer und Fußgänger sollten den Wegweisern nach Haguenau folgen, so gelangen sie an die Grenze – und an die Fischtreppe.

Kuriositäten in der Nähe:
• Bienenmuseum in Hohberg-Diersburg,
• „Herberge zum Löwen" in Seelberg, ältestes Gasthaus Deutschlands mit exzellenter, erschwinglicher Küche
• Epilepsiemuseum Kehl

Mit Volldampf durch den Garten

Gartenbahn in Hohenhaslach

Bei Heinz Knodel geht es jeden Sonntag im wörtlichen Sinne rund. Der Eisenbahn-freak und Bauunternehmer hat seinen Vorgarten und den Innenhof auf ganz eigen-willige Weise und zur Freude aller Spaziergänger in eine Modellbahnwunderwelt verwandelt. Anders als so mancher überernsthafter und verbissener Modellbahn-bastler versucht er nicht, eine reale Welt im Kleinen maßstabsgerecht und akribisch nachzubauen, sondern seine Eisenbahnen rattern durch eine phantasievoll-phan-tastische, irreal-fröhliche Landschaft. Von seinem Balkon aus steuert der sympathi-sche Hobbyeisenbahner Güterzüge mit Viehwagons, in denen Schafe blöken, oder Personenzüge, aus denen ein Playmobilmännchen schaut. Das wäre an sich ja

Kleine Reisen

Modelleisenbahnen gibt es in den unterschiedlichsten Varianten und Maßstäben schon seit über einhundert Jahren. Die heute am meisten verbreitete Spurweite nennt man H0. Die Gleise haben hier eine Breite von 16,5 Millimeter und einen Maßstab von 1:87. In Deutschland hat diese Spurweite einen Marktanteil von ca. 70 Prozent. Die Größe bietet dem Papi ein Maximum an Detailtreue und geht dennoch in Kinderhänden nicht sofort kaputt. Für H0 bietet der Fachhandel heute Hunderttausende von Zubehörteilen und jede Menge technische Feinheiten an.

Die den Christbaum umkreisende Spielzeugeisenbahn war gestern – viele Freizeiteisen-bahner wünschen sich heute Hightech. Eine manuelle Steuerung per Trafo wäre bei manch moderner Modellbahnanlage gar nicht mehr möglich. Längst hat die Digitaltechnik im Modellbahnbau Einzug gehalten; man steuert seine „Anlage" selbstverständlich vom PC aus. Aus Schattenbahnhöfen können Dutzende verschiedene Züge nach Fahrplan ein- und ausfahren, eine unglaubliche Vielfalt von technischen Möglichkeiten bringt immer mehr Realismus in eine Modellbahnanlage.
Bei der Landschafts- und Gartenbahn von Heinz Knodel geht es allerdings noch etwas handfester und solider zu. Er arbeitet mit einer Spurweite von 45 Millimeter. Und wetter-fest ist das Ganze auch.

noch nichts Ungewöhnliches, aber die Landschaft drumherum hat von einem Schlumpfdorf bis zur Safari-Szencrie so viele verspielte Details zu bieten, dass die Loks und Waggons für den Betrachter fast nebensächlich erscheinen. Ein Gebirgsmassiv zeigt Bergsteiger beim Abseilen, während auf der Bergalm Käse hergestellt wird. Bald fährt ein Dampfzug an einer Ritterburg vorbei, nebenan freuen sich die Biene Maja und ihr Freund Willi ihres Lebens.

In einer Höhle wird ein gruseliges Feenreich gezeigt, in dem Riesenspinnen von der Decke baumeln, zweiköpfige Drachen mit den Augen blitzen und Einhörner wohnen. Draußen wacht eine Tigerente, während von einem Güterzug automatisch Sand abgeladen wird. Immer wieder entdeckt man lustige Einzelheiten am Rande der Strecke, wie ein Indianerlager oder einen bayrischen Biergarten. Die Anregungen für die Gestaltung seiner ungewöhnlichen Modellbahnlandschaft bekommt Heinz Knodel oft von Kindern, etwa seinen Enkeln: Das macht diese Anlage erst zu dem was sie ist – ein liebevolles Arrangement von Einzelszenen, gespickt mit humorvollen Komponenten. Vieles bewegt sich automatisch, manches wirkt einfach durch die lustige Präsentation. An jedem Sonntag, an dem das Wetter es zulässt, kann man diese allerliebste Welt bestaunen. Kleine und große Kinder werden begeistert sein.

Wer nun inspiriert ist und selbst eine Trasse durch den Garten bauen will, für den ist Herr Knodel ein kenntnisreicher Ansprechpartner. Man kann bei ihm Brückenbauteile, Viaduktsteine und Verblendungen für den Außenbereich erstehen. Auch Speziallösungen sind möglich. Wer Rat oder Anregungen zum Bau der eigenen Gartenbahn benötigt, sollte allerdings auch seine Kinder oder Enkel fragen – sonst fehlen bei aller Perfektion zum Schluss die Maus oder der Elefant.

Adresse:
Gartenbahnanlage Heinz Knodel
Rinnenstraße 31
74343 Sachsenheim-Hohenhaslach
Tel. 0 71 47/74 89

Anfahrt mit öffentlichen Verkehrsmitteln:
Ab dem Sachsenheimer Bahnhof mit dem Bus 571 Richtung Häfnerhaslach bis
zur Haltestelle Allmandklinge (Fahrtzeit: 10 Min.).

Kuriositäten in der Nähe:
• Bonbonmuseum in Vaihingen an der Enz
• Historische Ölmühle in Illingen, in der man eigenes Walnussöl pressen lassen kann

Da klappt's mit der Reinlichkeit

Schrankbäder aus Ost und West im Museum Wasser-Bad-Design in Schiltach

„In meiner Badewanne bin ich Kapitän/Kann mit dem Seifennäpfchen Dampfer spielen/In meiner Badewanne ist es wunderschön/Da fang ich an die Meere auf zu wühlen/Ich fühle mich als Mann der Tat/Und drehe an dem Wasserhahn/Ich bin ein wilder Seepirat/Auf weitem Ozean" – so sang Willy Millowitsch 1937. Damals war es ein Luxus, eine Badewanne im Haus zu haben. 1936 gab es nur in einem Drittel aller Stadtwohnungen ein Badezimmer, auf dem Lande konnte nur ein Zehntel aller Einwohner daheim untertauchen. Immerhin hatte jeder Fünfte die Möglichkeit, seinen Körper in der Waschküche oder in Gemeinschaftsbädern zu reinigen. Öffentliche Bäder waren rar. 1941 gab es für je 10 000 Menschen nicht einmal drei öffentliche Badewannen. Immerhin versprach Hitler den Deutschen, dass jede Familie nach dem Sieg im Zweiten Weltkrieg ein Bad mit Dusche und WC bekommen sollte. Ob das ein Anreiz zum Kämpfen war?

Im Krieg wurde allerdings die Hälfte aller Wohnungen in Deutschland zerstört. Die Wasserversorgung war zerbombt und die Menschen holten das wenige zur Verfügung stehende Wasser aus Brunnen in die Häuser, in denen sie dicht gedrängt lebten. An Badezimmer war da nicht zu denken. Viele Familien hatten lediglich ein einziges Zimmer, um dort zu waschen, zu kochen, zu schlafen – kein Raum für Badewannenkapitäne …

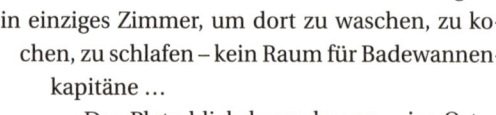

Der Platz blieb lange knapp – im Osten und Westen des kaputten Landes. In der DDR wurden aus jeweils sechs Meter langen Betonplatten neue Häuser aufgestellt, in denen es in jeder Wohnung Platz gab für eine vorgefertigte „Sanitärraumzelle" – kurz SRZ – nach Standard WBS 70, einem Baukastensystem, für das man möglichst wenig Bauelemente fertigen musste. Das Bad wurde mit dem Kran von oben in die Wohnung eingesetzt, auf Gummischrot gestellt und eingemörtelt: fertig! Eine dieser Nasszellen ist im Museum in Schiltach zu besichtigen.

Für Altbauten wurde in der DDR 1975 die Platz sparende Alternative entwickelt: das Spültischbad. Man zieht es in der Küche unter der Spüle hervor, badet und schiebt die Wanne wieder in den Küchenschrank. Hersteller war der Volkseigene Betrieb Elektroprojekt und Anlagenbau, zu dessen Produkten auch die Schreibmaschine „Erika" und der Drucker „Präsident" gehörten.

Im Westen hatte man unterdessen längst bei der Firma Rapid Elektro das Schrankbad ausgetüftelt. Nach dem Baden klappt man die Wanne hoch und schließt die Schranktüren in der Hoffnung, dass es hinter ihnen nicht anfängt zu schimmeln. Im sauberen, professionell konzipierten Museum steht jedenfalls ein schimmelfreies Exemplar.

Die Nachkriegsbadezimmer sind nur ein Kapitel im Schiltacher Museum der Firma Hansgrohe. Die Badegeschichte wird auf ausleihbaren Audioguides vom frühen Mittelalter, als es als besonders fromm galt, vor Schmutz und Ungeziefer zu starren, bis zur modernen Wellness-Oase erzählt. Und natürlich gibt es im „Museumsshop" die Luxusarmatur für das Bad von heute. Das Museum kostet keinen Eintritt und so ist es legitim, dass es in eine Verkaufsausstellung mündet.

Adresse:
Aquademie Hansgrohe
Auestraße 9
77761 Schiltach

Öffnungszeiten:
Mo–Fr 7.30–19 Uhr, Sa 8–18 Uhr, So 11–17 Uhr

Anfahrt mit öffentlichen Verkehrsmitteln:
Ab Bahnhof Offenburg oder Freudenstadt mit der Ortenau-S-Bahn bis Haltestelle Schiltach-Mitte Bahnhof (Fahrtzeit ab Offenburg: 45 Min., ab Freudenstadt: 25 Min.).

Kuriositäten in der Nähe
• Gestell zum Begradigen von Nasen im Apothekenmuseum in Schiltach
• Dienstwagen des Bundespräsidenten Lübke mit erhöhter Rückbank
(damit er größer wirkte) in der Autosammlung Steim in Schramberg
• Größte Modellbahnanlage nach realem Vorbild in Hausach

Die wahre Länge Christi

Christusdarstellung im Prediger in Schwäbisch Gmünd

Wie groß war Jesus? Das Bild von der „Wahren Länge Christi", das im Gmünder Prediger ausgestellt ist, beantwortet diese Frage eindeutig mit 2,07 Meter. So groß ist die Christusdarstellung auf dem mit Öl- und Temperafarben 1485 auf Tannenholz gemalten Bildnis. Insgesamt ist das Bild 2,35 Meter hoch und entspricht damit dem Maß, das die Nachbildung des Heiligen Grabes im Münster zum Heiligen Kreuz in Schwäbisch Gmünd hat. Die Überschrift, die über dem Bild angebracht ist lautet: „das ist ain gleichnus der person cristi – die leng und gros 1485 Renoüiert 1610".

Uns Heutigen scheint die Größenangabe kurios. Wir haben an der wissenschaftlich identierten Frage zu knabbern, ob man Jesus historisch überhaupt nachweisen kann. Da scheint die Körpergröße nebensächlich. Die Menschen im ausgehenden Mittelalter waren aber schauensfreudiger und schaubegieriger. Jesus wurde stärker in seiner menschlichen als in seiner göttlichen Gestalt gesehen. Die Gläubigen wollten mit Jesus in der Karwoche mitleiden, sich in seine Geschichte einfühlen – und dazu begehrten viele von ihnen, sich Jesus ganz real vorstellen zu können. Das war ein wichtiger Teil der Frömmigkeit. Bilder und vor allen Dingen auch Reliquien, Gegenstände, die mit Jesus in Kontakt gekommen waren, etwa die Folterwerkzeuge oder Splitter seines Kreuzes, gaben den Christen das Gefühl, Gott näher zu sein.

Die Reliquien stammten meist aus Jerusalem und wurden durch Pilgerfahrten und die Kreuzzüge zusammen mit Beschreibungen der heiligen Stätten in Israel mit nach Europa gebracht. Im Jahr 325 glaubte Helena, die Mutter des Kaisers Konstantin im Heiligen Land das Grab Christi gefunden zu haben, ein Bankgrab, das durchaus dem reichen Josef von Arimatäa gehört haben konnte, der sein Grab für den Leichnam Jesu zur Verfügung stellte. Dieses Grab wurde von Pilgern lange Zeit immer wieder ausgemessen: Nicht nur aus Wissbegier, sondern auch, weil Stoff- oder Lederbänder, die mit dem Heiligen Grab in Berührung gekommen waren, als Garant einer unkomplizierten Geburt galten, wenn eine Hochschwangere sie als Gürtel trug.

Interessanterweise sind die Streifen, die heute noch erhalten sind, verschieden lang. Zumeist liegen sie bei etwa 1,60 Meter. Vermutlich hat der Maler die Körpergröße seines Bildnisses aber nicht von einem solchen Band übertragen, sondern stützt sich auf das von dem irischen Mönch Adamnan von Iona verfasste Buch „Über die Heiligen Stätten" aus dem 7. Jahrhundert, das auf einem mündlichen Reisebericht beruht. Das Grab sei „sieben Fuß", also 2,07 Meter lang.

Das Bild will nicht nur die Größe des Herrn zeigen, sondern gibt vor, auch ein korrektes Abbild zu liefern. Das längliche Gesicht wird von langen, braunen, lockigen Haaren umspielt, die in der Mitte gescheitelt sind. Der Bart ist zweigeteilt. Die großen, dunklen Augen blicken unter den gewölbten Augenbrauen immer auf den Betrachter, auch wenn der sich im Raum bewegt. Christus trägt ein graues Gewand mit langen Ärmeln und Goldborten am Hals, den Ärmeln und am Saum. Die Füße sind unbekleidet. Sein Mantel ist rot und innen grün gefüttert. Jesus hält in der linken Hand eine Welt-Kugel aus Kristall, in der sich ein Fensterkreuz spiegelt. Mit der rechten Hand segnet er. Ein Spruchband spricht dem Betrachter zu „Fürchte dich nicht".

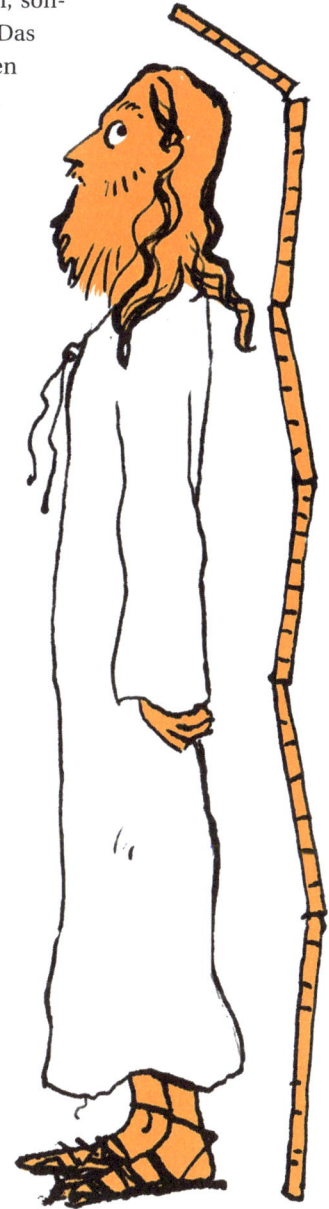

Gemalt wurde das Bild als Epitaph, als Gedächtnisbild für einen Verstorbenen. Er und seine Gattin sind unten im Bild zu sehen. Beide Stifter, die bisher nicht identifiziert werden konnten, hal-ten einen Rosenkranz aus Karneol in den Händen. Diese Ketten dienen als Zählhilfe bei vielstrophigen Gebeten und waren zu der Zeit, in der sich die Auftraggeber abbilden ließen, gerade erst aufgekommen. Eine goldene Georgs-Medaille am Rosenkranz des Mannes könnte darauf hinweisen, dass er selbst als Pilger in Jerusalem war und auch das Grab des Heiligen Georg besucht hatte. Vielleicht ist es aber auch ein Hinweis darauf, dass der Stifter Georg hieß.

Dass gerade ein Gmünder Paar diese Kränze verwendete, ist nahe liegend. In Gmünd wurden neben Schmuck auch Gebetsschnüre gefertigt. In einer Vitrine sind im Prediger alte Rosenkränze aus Leder und Knochenperlen ausgestellt. Sie weisen nach, dass es in Gmünd spätestens im 16. Jahrhundert eine so genannte Beindreherwerkstatt gab. Beindrehen meint hier nicht einen eleganten Tanz, sondern in der Tat einen Drechsler, der Knochen verarbeitet. Zwischen den Knochenperlen befinden sich beinerne Totenköpfchen. Bei einem anderen Rosenkranz sind die Wirbelknochen unbearbeitet aufgereiht worden, was dem Kranz eine ziemlich makabere Note verleiht. Da sind die Kränze aus roten Steinen, wie sie das Gemälde darstellt, deutlich gefälliger. Sie demonstrieren nicht nur die Frömmigkeit, sondern auch den Wohlstand des zu Füßen Jesu knienden Verstorbenen.

Wie groß war nun aber Jesus wirklich? Die wahrscheinlichste, wenn auch umstrittene Antwort lautet 1,80 Meter. So lang war der Körper des Gekreuzigten, dessen Körperabbild sich auf dem Turiner Grabtuch befindet. Es stammt aus der Zeit Christi und könnte tatsächlich ein Abbild Jesu sein – auch wenn man es nie wird beweisen können.

Wir möchten Jesus sehen (Joh. 12,21)

Lange war es in der Kirche verboten, Jesus abzubilden. Ihn zu malen, schien ein Ding der Unmöglichkeit. Jesus gilt als wahrer Mensch und wahrer Gott in einer Person. Der Versuch Jesus als wahren Gott, als Erleuchteten und Verklärten zu malen, war zum Scheitern verurteilt. Der göttlich strahlende Jesus kommt in der Bibel nur einmal vor und da ist sein Glanz als so hell beschrieben, dass sich die Jünger Petrus, Jakobus und Johannes zu Boden werfen müssen.

Wie soll ein Maler dem gerecht werden? Er kann die menschliche Seite betonen, Jesus als den geschlagenen, gedemütigten, angespuckten Körper malen, wie es auch immer wieder geschah, doch die jammervolle, leidende Erscheinung ist eben nur eine Seite des Gottessohnes. Eine Lösung boten zwei Legenden: In der Ostkirche wird die Geschichte Abgars erzählt, der Jesus habe malen lassen. Der Maler war wegen des Glanzes nicht in der Lage und so schenkte Jesus ihm ein Portrait. In den Westkirchen ist es eine Frau, Veronika, die Jesus auf seinem Leidensweg ein Schweißtuch gereicht haben soll, das seitdem sein Gesicht zeige.

Diese beiden Geschichten wurden oft gemalt und prägten das Bild des langhaarigen, gelockten Jesus mit Mittelscheitel. Der Maler konnte Christus darstellen, ohne in den Verdacht der Gotteslästerung zu geraten. Auf diese Darstellungen hat auch der unbekannte Maler des Bildes von der „Wahren Länge Christi" zurückgegriffen.

Kuriositäten in der Nähe: Die Muschelkapelle

Ein interessanter Spaziergang führt von Schwäbisch Gmünd hinauf zur Salvatorkirche. Sie ist eine der wenigen Felsenkapellen in Deutschland. Zwei Kapellen liegen übereinander in den Berg gebaut. Wahrscheinlich war schon eine natürliche Höhle vorhanden, denn einen Pilger erinnerte die Jakobshöhle in Jerusalem schon im 15. Jahrhundert an die Höhle im Nepperberg in Gmünd in Schwaben.

Im 17. Jahrhundert wurden mehr Fenster in die Höhle gehauen und die heutigen übereinanderliegenden Kapellen entstanden.

Besonders originell ist eine kleine, dunkle Kapelle neben dem Felsen. Sie ist innen über und über mit Muscheln und Schnecken ausgekleidet. Auch wenn Gmünd weit weg von jedem Meer liegt, so konnten die Gläubigen doch hier oben in maritimem Flair ihre Gebete verrichten. Muscheln haben nämlich in der christlichen Kunst eine Doppelbedeutung. Geschlossene Muscheln erinnern an Maria, die ihren Sohn wie eine Perle in ihrem Körper trug. Leere warnen vor der Vergänglichkeit und Sinneslust, denn das Muschelfleisch wurde wegen seines Eiweißgehalts als Viagra der Frühzeit angesehen. Auch Schneckenschalen standen für Faulheit und Wollust.

Adresse:
Museum und Galerie im Prediger
Johannisplatz 3
73525 Schwäbisch Gmünd

Öffnungszeiten:
Di, Mi, Fr 14–17 Uhr, Do 14–19 Uhr, Sa und So 11–17 Uhr, an Feiertagen
außer an Heilig Abend, Silvester, Neujahr und Karfreitag 11–17 Uhr.

Anfahrt mit öffentlichen Verkehrsmitteln:
Ab dem Schwäbisch Gmünder Bahnhof mit dem Bus 5, 6 oder 7 zum Marktplatz
(Fahrtzeit: 3 Min).

Kuriositäten in der Nähe:
• Mit Muscheln und Schnecken ausgekleidete Kapelle bei der Felsenkirche
St. Salvator in Schwäbisch Gmünd
• Haarpsychogramme, angeboten von Iris-Weber-Haargeomantie in Waldstetten

Ich bin Kunst!

Das Mus-du-seum in Schwäbisch Gmünd

Grabsteine, die plappern, sind nach Auffassung des Medienkünstlers Walter Giers eine schöne Möglichkeit, den Verstorbenen im Gedächtnis zu behalten. Natürlich kann der Besitzer des Grabsteins auch schon vor seinem Ableben überlegen, was er schon immer nach seinem Tode sagen wollte und seine Träume oder Wünsche an die Nachgeborenen aufzeichnen. Damit der Begrabene nicht immer dasselbe sagt, wird Walter Giers einen Zufallsgenerator einbauen, wie dies beim Orakelgrabstein im Eingangsbereich des „Mus du seums" der Fall ist. Er gibt jedem eine rätselhafte Antwort, der ihm eine Frage stellt. Ein Grabstein Modell „Publikum", gleich daneben in dem nur durch Treppen erreichbaren untersten Stockwerk des Schmiedturms aufgestellt, gibt von Engelschören begleitet wieder, was der Besucher vor wenigen Sekunden gesagt hat. Erschreckender für Besucher ist der Grabstein „Modell General", der akustisch auf den Besucher Schüsse abfeuert.

Das Museum des über 70-jährigen Künstlers im 32 Meter hohen, mit bunten Ziegeln gedeckten Stadtturm ist insgesamt nicht morbide, sondern sinnesfroh, unsinnig und sinnlich. Man hört Wale singen und Elektroden klingen.
Da gibt es etwa ein Kunstwerk, das die typische Frage der Kunstbanausen „Waaaaas! Des soll Kuscht sei?" vorweg nimmt – und zwar zwei- bzw. dreisprachig. Auf dem schwarzen, rechteckigen Kasten steht leuchtend rot „art". Und für den, der es nicht glauben mag, sagt das Kunstwerk auch noch jedem Betrachter „Ich bin Kunst! Je suis art!".

Walter Giers versteckt die Technik seiner Kunstwerke nicht, sondern zeigt dem Besucher unter Plexiglas die technischen Elemente. Und da inzwischen Lötbrücken, Dioden, Halbleiter, Chips, Widerstände und Lautsprecher ziemlich klein geworden sind, lässt Walter Giers die Ausrede von Fans, sie könnten aus Raummangel kein Werk abkaufen, nicht gelten. Eines seiner Objekte, die schmal genug für einen Wandvorsprung sind, ist „Tibet Dancing". Tibetanische Gesänge wurden aufgenommen, zerstückelt und werden nun von verschiedenen Lautsprechern wiedergegeben. Steht man vor dem Kunstwerk, klingt der Gesang einheitlich – von der Seite nur noch bruchstückhaft.

Tibetanische Gesänge sind nicht die Musikrichtung, mit der Walter Giers seine Karriere begonnen hat. Nach einer Lehre bei einem Hersteller religiöser Devotionalien, bei der er das Gravieren lernte, kam er als Student nach Schwäbisch Gmünd. Ehe die Pädagogische Hochschule nach Bettringen verlegt wurde, gab es in dem heute ausgestorben wirkenden Städtchen ein wildes Studentenleben. Der heute noch langhaarig und unkonventionell wirkende Walter Giers gründete mit Freunden die erste Wohngemeinschaft in der Stadt. Das Geld verdienten die Designstudenten mit Jazzmusik. Heute ist der Begründer der Electronic Art in Deutschland mit allen bekannt, die Rang und Nahmen haben, bekam von Wolfgang Schuster den Turm zur Nutzung zur Verfügung gestellt, entwirft leuchtende Mercedessterne und lässt den Stuttgarter Bahnhofsturm funkeln. Er durfte sogar die Lichter bei der Eröffnungsshow der Olympiade in Barcelona tanzen lassen. Seinen Durchbruch als Designer hatte er mit den ersten interaktiven Kunstwerken, die auf den Betrachter reagierten, und mit der Kardanischen Leuchte von 1969, bei der die Lampe frei beweglich aufgehängt ist, während die Stromzuführung von 12 Volt außen über die Metallarme verläuft.

Lustig ist eine solarbetriebene Zwitscheranlage. Künstliche Vögel sind hinter einer Decke aus tarnfarbenem Stoff versteckt. Schlägt man den Vorhang zur Seite, so kommt Licht an die kleinen Solarzellen und lässt ein helles Gezwitscher erklingen. Eine Solarzelle spielt aber nicht mit. Sie ist absichtlich falsch herum angebracht. Im Gegensatz zu Besitzern einer Voliere mit echten Vögeln kann man als Inhaber einer solchen Zwitscherinstallation leicht dafür sorgen, dass das Kunstwerk wieder seinen Schnabel hält: Man wirft einfach den Stoff zurück über das Bild.

Zwitscheranlagen, in Bäumen versteckt, sind inzwischen ein Gag, den sich Städte gerne leisten. Beschallende Kunst scheint in Parks auch oft Pärchen anzuziehen, weswegen Walter Giers für daheim das Modell „Romatik 2000" anbietet, eine Musikanlage, die Musik per Zufallsgenerator komponiert und die man im „Mus du seum" bei Kerzenschein testen kann.

Adresse:
Mus-du-seum im Schmiedturm
Vordere Schmiedgasse 51
73525 Schwäbisch Gmünd

Öffnungszeiten:
Sa 14–17 Uhr

Anfahrt mit öffentlichen Verkehrsmitteln:
Ab dem Bahnhof Schwäbisch Gmünd mit den Bussen 1, 5, 6 oder 71,
Haltestelle Vordere Schmiedgasse (Fahrtzeit: 4 Min.).

Kuriositäten in der Nähe:
• Sammelsurium-Museum „Kunst und Krempel" in Aalen-Hammerstadt

Du sollst nicht stehlen!

Mausefallen-Guillotine im Hällisch-Fränkischen Museum in Schwäbisch Hall

Wie kann man Kindern beibringen, dass man nichts wegnehmen darf – und dass auch der Diebstahl von Essbarem nicht ungestraft bleibt? Man statuiert ein drastisches Exempel an einer Hausmaus! Im Hällisch-Fränkischen Museum ist eine moralisierende Mausefalle in Form eine Guillotine ausgestellt. Sie ist mit hübschem Blümchendekor in den Französischen Nationalfarben blau, weiß und rot bemalt und warnt in klaren, weißen Buchstaben: „Du sollst nicht stehlen". Die Kleinnager-Tötungsmaschine stammt aus der Zeit der Französischen Revolution, als man nicht mal stehlen musste, um in Paris und anderswo um einen Kopf kürzer gemacht zu werden. Das Guillotinieren galt dabei als eine barmherzige Hinrichtungsart. – Übrigens wurde die Guillotine nicht von Joseph-Ignace Guillotin erfunden. Der hatte nur dafür plädiert, auf entehrende oder qualvolle Vollstreckungsarten zu verzichten. Der Konstrukteur der Guillotine war ein deutsch-elsässischer Klavierbauer namens Tobias Schmidt.

Die Französische Revolution

1789 kam es in Frankreich zu einer Revolution. Das hatte verschiedene Gründe: Der Französische König Ludwig XVI. in Versailles, der ein ausschweifendes Leben führte und den die Unterstützung der Amerikaner im Unhabhängigkeitskrieg finanziell gebeutelt hatte, war pleite. Viele Menschen litten nach Missernten und Viehseuchen Hunger und die Gebildeteren forderten politische Mitbestimmung.

Während der Revolution gab sich Frankreich dreimal eine neue Verfassung, zuerst eine, die die Macht des Königs nur beschränkte, ihm aber seinen Thron ließ, später eine demokratische. Die Menschen- und Bürgerrechte – von denen Frauen allerdings ausgenommen waren – wurden niedergeschrieben und 1793 wurde der König hingerichtet. Nicht alle Revolutionäre wollten so stürmische Veränderungen, doch Kritiker wurden bald von dem regierenden Wohlfahrtsausschuss als Staatsfeinde angesehen und auf der Guillotine enthauptet. Terror war zu einem Mittel der Politik geworden. Die Ideen der Französischen Revolution hatten in ihren ersten Jahren auch in Deutschland viele Anhänger gefunden. Als aber die Gewalt in Frankreich eskalierte, verlor die Revolution an Sympathie im Ausland.

Nicht tödlich, aber doch schmerzhaft war der ebenfalls im Museum ausgestellte Folterstuhl. Das Kombi-Qualinstrument ist mit Holzspitzen auf Sitz und Lehne gespickt und verfügt zusätzlich über Beinschrauben, so genannte Spanische Stiefel. Der Folterknecht konnte die Schrauben immer enger drehen und so bei der peinlichen Befragung ein Geständnis erzwingen. Ob der Stuhl in Hall bei Gerichtsprozessen im Einsatz war, steht nicht fest; oft, so sagt der angebrachte Text, haben die Stühle nur der Abschreckung gedient.

Ein Exponat, das man auf den ersten Blick auch für ein Folterinstrument hält, ist in Wirklichkeit ein medizinisches Gerät: eine Lederhaube mit Löchern zum Hindurchsehen. Im 16. Jahrhundert wurden solche Kappenmasken aus verschiedenen Lederteilen empfohlen, um bei Kindern Augenfehlstellungen zu behandeln. Der Dresdner Hofoculist Georg Bartisch beschrieb die Masken in seinem Werk „Ophthalmoduleia, das ist Augendienst", dem ersten deutschen Lehrbuch der Augenheilkunde von 1583, als heilsam, um die „angeborene und angeerbte Schielheit" zu kurieren.

Ein weiteres Ausstellungsstück, bei dem unklar ist, ob es heilte oder schadete, ist die elektrische Wärmflasche der Firma Groß von 1930. Sie ist aus Kupfer und würde sicher heute kein TÜV-Siegel erhalten. Die Wärmflaschen wurden nicht lange hergestellt, da die Firma gezwungen wurde, statt Haushaltselektrik Munitionshülsen und Flugzeugteile für den Zweiten Weltkrieg herzustellen.

Adresse:
Hällisch-Fränkisches Museum
Im Keckenhof
74523 Schwäbisch Hall

Öffnungszeiten:
Di–So 10–17 Uhr

Anfahrt mit öffentlichen Verkehrsmitteln:
Ab Bahnhof Schwäbisch Hall-Hessental mit dem NVH-RegionalBus 26 bis Haltestelle Schwäbisch Hall-Scharfes Eck (Fahrtzeit: 6 Min.).

Kuriositäten in der Nähe:
• Radleuchter für 48 Kerzen auf der Comburg
• Hölzerne Stockspritze aus dem 14. Jahrhundert im Haller Feuerwehrmuseum

Der Prophetomat
Villa Wunderwelt in Steinbach

Die an die Villa Wunderwelt – einem putzigen Häuschen am Mühlsteg – angebrachten Automaten helfen jedem, der in seine Zukunft sehen möchte, gleich zweifach. Erst einmal kann er den Prophetomaten befragen. In einem alten, ausgeschlachteten Fernsehapparat sitzt, umgeben von absonderlichen Gerätschaften, Büchlein und Parfümfläschchen, hinter einer Kugel ein alter Wahrsager. Er hat einen langen Bart und dürre Finger und wird durch Fäden wie eine Marionette bewegt, wenn man eine Euromünze in den Schlitz steckt. In Reimen erteilt er dem Kunden Lebensratschläge.

Ein Blick in die Zukunft ist an einer anderen Seite der Villa Wunderwelt billiger zu bekommen. Die Preise sind jeweils gestaffelt. Die Vision kostet 50 Cent; Millionäre zahlen das Doppelte, Kinder die Hälfte. Man muss tief in einen Spiegel blicken. Doch bald geht dahinter das Licht an und man erhascht einen Blick darauf, wohin sich das eigene Leben entwickeln wird: Ein Schädel blickt den Betrachter an. Was für Zukunftsaussichten die magische Kristallkugel oder der Esoteromat „Erkenne dich selbst" bereithält, soll nicht verraten werden, persönliche Erleuchtung wird aber garantiert. Egal, ob Zauberautomat oder Haalgeist, Spie-

Heron von Alexandria

Der erste Verkaufs-Automat, der erfunden wurde, gab nicht Zigaretten aus, sondern er wurde für Weihwasser konstruiert. Dabei lag eine Holzscheibe auf der Wasseroberfläche des Weihwassers. Wenn eine Münze eingeworfen wurde, drückte deren Gewicht das gesegnete Wasser durch ein Röhrchen nach oben, in die Hände des Käufers.

Der Erfinder dieser Vorrichtung war der Grieche Heron von Alexandria im 1. Jahrhundert n. Chr., der auch als Erfinder des Springbrunnens und der, wenn auch nicht industriell genutzten, Dampfmaschine gilt. Deren einzige Funktion war es, einen Ball hüpfen zu lassen. Der Mathematiker und Physiker liebte verrückte Konstruktionen, so entwickelte er einen Weinautomaten, der mit Luftdruck funktioniert und der ein Glas Wein ausgibt, wenn man ein Glas Wasser hineinschüttet, ein Spielzeugrind, das automatisch trinkt, ein Zaubertrinkhorn, aus dem man nach Belieben Wasser oder Wein trinken kann, und eine Windorgel.

gelkabinett oder Glückszahlbestimmungsmaschine – hinter jedem der phantasievollen Automaten steckt eine neue, verblüffende Idee. Grundlage für die versponnenen, verrückten Vorrichtungen bilden umfunktionierte Zigaretten- und Süßigkeitenautomaten.

Kein Zweifel besteht indes daran, dass die in Streichholzschachteln verpackten „Geistigen Kekse", die einer der Automaten anbietet, gesünder sind als jede Kippe – und man hat länger etwas davon. Bei einigen der Überraschungen in der Streichholzschachtel muss man sogar kreativ werden.

Im Schaufenster gibt es Kuriositäten in Hülle und Fülle. So wird eine Holzfigur angeboten, bei der es sich um eine Modellpuppe handelt, wie sie Zeichnern als Vorlage dient, um die Proportionen und Körperhaltungen beim Zeichnen von Menschen im Auge zu behalten. Die Arme und Beine der Figur sind beweglich, aber in diesem Fall handelt es sich um eine männliche Gliederpuppe, deren Glied man „nach Lust und Laune" einstellen kann; das verspricht die Produktbeschreibung. Man kann auch gerahmte Rückenwirbel bekommen, deren Kanäle bei näherer Betrachtung wie Augen und Mund in dem Knochen aussehen. Kunst kommt hier nicht von Können, sondern von Kwerdenken.

Man braucht übrigens nicht unbedingt Geld, wenn man im Atelier des Herrn Bernhard Deutsch, einem Kunst schaffenden Soziologen und Philosophen, einkaufen will. Die aus dem Draht von Sektflaschendeckeln gebogenen, lustigen Tiere kann man wahlweise mit sieben Euro oder einer Flasche Sekt bezahlen.

Adresse:
Villa Wunderwell
Mühlenweg 23
74523 Schwäbisch Hall-Steinbach
Tel. 07 91/76 22

Anfahrt mit öffentlichen Verkehrsmitteln:
Ab dem Bahnhof Schwäbisch-Hall-Hessental mit dem Bus NVH-FrankenExpress 28 Richtung Künzelsau bis zur Haltestelle Steinbach-Mitte (Fahrtzeit: 3 Min.).

Kuriositäten in der Nähe:
• 49. Breitengrad durch Gaildorf: Es ist derselbe, der die kanadisch-US-amerikanische Grenze bildet.

Hier geht James Bond einkaufen

Das Fachgeschäft für Spione in Stuttgart-Plieningen

Wer wissen will, ob der Liebespartner wirklich jeden Mittwochabend zum Jodelkurs geht oder ob er sich stattdessen im Fetisch-Club aufhält, der findet im Spionladen in Plieningen alles, was er braucht, um seinen Zweifeln ein Ende zu bereiten. Wer dem Beobachtungsobjekt nicht auf den Fuß folgen will, dem bieten Richtmikrofone, Spektive und Nachtsichtgeräte die Möglichkeit, aus der Ferne diskret zu observieren. Mit Profistethoskopen kann man das Liebesgeflüster des Treulosen samt Kussgeräuschen fröhlich vom Nebenzimmer aus mitverfolgen.

Wer lieber näher dran ist, für den ist im Laden in Plieningen eine Miniaturkamera erhältlich, deren Objektiv man unauffällig in den Hemdknopf einfügen kann, es gibt in Krawatten und Stifte eingebaute Mikrofone, Buchkameras mit genug Platz im Inneren für einen Digitalrekorder und Broschenkameras für Damen. Kameras in der Brille kann man sogar für die eigene Sehstärke anfertigen lassen. Der Leitungskanal verläuft im Brillenbügel. Videoanlagen verstecken sich in Wanduhren. Der Stimmenveränderer hilft dabei, dem Ex unerkannt einen Schreck einzujagen.

Sie haben ihren kleinen Bruder im Verdacht, dass er in ihrer Abwesenheit die Pralinen klaut – er aber sagt, es sei der Hund? Spezialpulver hilft, beide zu überführen. Der Puder verfärbt die Hände sehr stark und lässt sich erst nach Tagen wieder abwaschen. Mit unsichtbarem Markierungsspray kann man sogar Geldscheine unbemerkt markieren und mit UV-Licht feststellen, wer seine Hände im Spiel hatte.

Neben Überwachungstechnik bietet das einzige Spezialgeschäft für Spione in Europa auch Mittel, um zu erkennen, ob man selbst ins Visier genommen wird. Für Mafiosi, die sehen wollen, ob sie von einer Kamera beobachtet werden, empfiehlt sich der neuartige Kamerafinder, der mit Infrarotlicht die Wände absucht. Befindet sich irgendwo eine Kamera, dann leuchtet die Kameralinse hell auf – und als Krimineller von Welt nimmt man die Geldbündel dann lieber in einem anderen Raum in Empfang. Wer im Büro über den Vorgesetzten lästern möchte, sollte sein Gehalt erst einmal in einen Sweepmaster investieren, einen professionellen Wanzendetektor, mit dem man sicherstellen kann, dass man nicht abgehört wird. Die Wanzendetektoren werden von Herrn Yazani auch wochenweise vermietet. Für Kinobesitzer, die vermeiden wollen, dass wieder ein Döskopf sein Handy während der Vorstellung anlässt, ist der Mobifinder das ideale Gerät. Handys in Betrieb werden identifiziert und der Besitzer wird dann gebeten, die Taschenquatsche doch bitte auszuschalten, bis das Licht im Kinosaal wieder angeht.

Ein Tipp jedoch, ehe Sie den Laden leer kaufen: Dass man Überwachungstechnik kaufen kann, heißt nicht, dass man sie überall verwenden darf. Was James Bond durfte, darf Hänschen Müller nicht automatisch auch!
Wenn Sie wissen wollen, womit ihr Nachbar den Lamborghini Countach bezahlt: Technisch ist es kein Problem ihre Neugier mit dem key.spy zu stillen. Im Handumdrehen fügt man ihn in die Tastaturanschlussbuchse ein, lässt das Gerät bis zu 2 000 000 Nummernfolgen und Buchstaben speichern – und kennt danach alle Bankgeheimnisse des Opfers. Und mit einem als Taschenmesser getarnten Dietrich schafft man es vielleicht sogar, die Portokasse zu öffnen. Dennoch: Lesen Sie besser erst die rechtlichen Beschränkungen zur Verwendung der Geräte!

Adresse:
Spionladen
C. Frank Yazdani
Echterdingerstraße 11
70599 Stuttgart-Plieningen

Öffnungszeiten:
Mo–Fr 8.30–18 Uhr, Sa 9–12 Uhr

Anfahrt mit öffentlichen Verkehrsmitteln:
Ab Esslingen am. Neckar ZOB mit dem Bus 122 Richtung Flughafen/Messe (Fahrtzeit: 27 Min.) oder ab Stuttgart Fernsehturm mit dem Bus 70 Richtung Stuttgart-Plieningen (Fahrtzeit: 17 Min.), Haltestelle Plieningen Post.

Kuriositäten in der Nähe:
• Europäer aus der Sicht der Künstler von Benin im Lindenmuseum in Stuttgart
• Spielkarten ohne König aus der Zeit der Französischen Revolution im Spielkartenmuseum in Leinfelden-Echterdingen
• Hohenheimer Holzbibliothek – eine 198 Bände umfassende Bibliothek aus je einer Holzart gefertigter Buchattrappen im Zoologischen und Tiermedizinischen Museum in Stuttgart-Hohenheim
• Dampfpflüge im Deutschen Landwirtschaftsmuseum in Stuttgart-Hohenheim

Steinerne Schatzkarte

Der Kreuzstein von Todtnauberg

Bei Tiefschnee im Winter ist schon die Suche nach dem verwunschenen, sagenbehafteten Stein eine Schatzsuche. Es empfiehlt sich, erst zu ihm zu wandern, wenn der Schnee vor den öffentlichen Wanderkarten unter Stiefelhöhe ist – und das kann in Todtnauberg bis in den Frühling hinein dauern!

Im Sommer aber steht der Schatz-Stein von allen Seiten frei zugänglich am Abhang über dem höchsten Wasserfall Deutschlands. Um den ungefähr 80 Tonnen schweren Felsen aus Granit, der vorne etwa vier Meter hoch aus dem Grund ragt und der etwa zweieinhalb Meter breit und sechs Meter lang ist, ranken sich viele Überlieferungen und Gerüchte, denn an seiner nach Süden ragenden Stirnseite sind unterschiedliche Zeichen eingemeißelt. Das längste ist 13 Zentimeter lang, das kürzeste vier Zentimeter. Ein Kreuz in einem Kreis hat dem Felsen auch den Namen Kreuzstein gegeben. Die Zeichen sind akkurat eingekerbt, was alle Geschichten, dass ein Teil der Französischen Truppen im Spanischen Erbfolgekrieg oder zur Zeit der Napoleonischen Kriege hier auf der Flucht schnell einen Schatz vergraben haben, eher unglaubwürdig macht. Das hält Freizeit-Schatzsucher und solche, die es werden wollen dennoch nicht davon ab, um den Stein herum immer wieder zu bud-

Rappen aus dem Schwarzwald

Im Schwarzwald befinden sich zahlreiche kleine Erzlagerstätten. Mit dem Silbererzbergbau begannen dort bereits die Römer. Silber war auch im Mittelalter europaweit als kostbares Metall für die Herstellung von Münzen sehr gefragt und Hauptlieferant für Silber war bis 1500 Deutschland.

Den Besitzern der Gruben brachte das Schwarzwaldsilber viel Geld. Das Münster in Freiburg etwa wurde durch Silber aus dem Schwarzwald finanziert. Die Silberberge von Todtnau gehörten nämlich ab dem frühen 14. Jahrhundert den Grafen von Freiburg, die sich das Recht zum Silberbergbau reich versilbern ließen. Todtnau wurde von einem Bergvogt verwaltet, der von den Grafen von Freiburg eingesetzt wurde. Im Rathaus der Stadt befand sich die Münze, dort wurde das Silber zu Rappen-Münzen verarbeitet. Damals zahlte man nicht nur in der nördlichen Schweiz, sondern auch im südlichen Elsass und in Südwestdeutschland mit Rappen. Dass die Münze so heißt wie schwarze Pferde, liegt daran, dass auch die Münzen dunkel waren: „Rapp" ist Althochdeutsch für „dunkel".

deln und selbsternannte Experten versuchen in regelmäßigen Abständen, die Karte auf dem Stein zu deuten.

Gefunden haben sie bisher nichts, obwohl die Zeichen, wie man heute weiß, durchaus auf eine Kostbarkeit hindeuten: Silbervorkommen im Gestein.

Die Zeichen wurden wahrscheinlich Anfang des 16. Jahrhunderts in den Kreuzstein eingemeißelt. Damals gehörte der Südschwarzwald zu Österreich. Auf einem Reichstag in Freiburg 1498 war bekannt gegeben worden, dass im Schwarzwald wieder mehr Silber abgebaut werden soll. Um den Bergbau professioneller zu betreiben, wurden aus Tirol Schiner geholt, Spezialisten für die Vermessung von Bergwerken. Die leisteten perfekte Arbeit – sie scheinen schon einen Kompass benützt zu haben, damals absolutes Hightech – und zeichneten die Pläne für die Gruben nicht nur auf Papier, sondern auch auf Fels.

Die Pest forderte 1519 und noch einmal 1527 viele Opfer unter den Totnauberger Bergleuten. 1925 wurden außerdem im Bauernkrieg die Verhüttungsanlagen zerstört. Die Gruben verfielen, bis 1537 wurde kein Silber mehr abgebaut und verhüttet. Noch einmal wurde danach versucht, den Bergbau wiederzubeleben, doch nach der Pest 1567 war es mit dem Abbau des Edelmetalls vorbei: Schwarze Sklaven in Amerika erledigen die Arbeit billiger – und Edelmetalle konnten billig aus der Neuen Welt nach Europa gebracht werden. Mit dem Bergbau verschwand aber auch die Kenntnis über die geheimnisvolle Bedeutung des Schatzsteins. Es darf also fröhlich weiter spekuliert werden!

Adresse:
Etwa 100 Meter ab vom Hauptwanderweg am Todtnauer Wasserfall zwischen Todtnau und Todtnauberg

Infos:
Tourist Information Todtnauberg, Kurhausstraße 18, 79674 Todtnauberg

Anfahrt mit öffentlichen Verkehrsmitteln:
Ab dem Kirchzartener Bahnhof mit dem SBG-Bus 7215 Richtung Todtnau, Haltestelle Todtnauberg-Hangloch (Fahrtzeit: ca. 40 Min).

Kuriositäten in der Nähe:
• Inkatapete im Café Inka in Weil am Rhein-Ötlingen
• Müllmuseum in Bad Säckingen-Wallbach
• Mauer aus verschiedenen Flaschen am Gasthaus Krone in Schliengen-Mauchen

Radkutschen zum knutschen

Die Rikschaschmiede in Tübingen

Wo genau nun die Rikscha, die zunächst nichts weiter war als ein bestuhlter, zweirädriger Handkarren war, erfunden wurde, ist strittig. Als Ursprungsländer kommen Japan, China, ja sogar Frankreich in Frage. Sicher ist, dass schon im 17. und 18. Jahrhundert Rikscha-ähnliche Gefährte durch die Straßen von Paris gezogen wurden. Das praktische Gefährt verbreitete sich schnell in den asiatischen Ländern und wurde je nach Region in unterschiedlichen Varianten gebaut.

Wer schon einmal eine bunte, indische Rikscha zu Gesicht bekommen hat, wird wahrscheinlich von deren Erscheinungsbild begeistert gewesen sein. Wer hingegen versucht hat, eine solche selbst zu fahren, ist nachhaltig traumatisiert. Indische Rikschafahrer scheinen hart im Nehmen und total schmerzunempfindlich zu sein, denn diese Gefährte sind bleischwer und verfügen noch nicht einmal über eine einfache Gangschaltung. Diese Erfahrung machten auch die Muskeln des Kulturwissenschaftlers Stefan Rickmeyer und seiner Freunde, die tagelang unter einem Kater litten, nachdem diese drei dieser dreirädrigen Originale erstanden und ausprobiert hatten. Rickmeyer ist nach eigener Aussage bis heute nicht klar, wie die Menschen in Indien diese Dinger täglich bedienen und für den Transport von Menschen und Gütern benutzen können, ohne nach kurzer Zeit zu kollabieren und ohnmächtig im Rinnstein zu landen.

Die Konsequenz aus dieser negativen Erfahrung bestand in dem Entschluss, selbst eine fahrtüchtige Rikscha zu bauèn – eine, mit der man unter Aufbietung durchschnittlicher Fahrradfahrerkräfte ein bis zwei Personen ökologisch korrekt durch Stadt und Ländle kutschieren kann. So wurden mit Hilfe aller zur Verfügung stehenden schwäbischen Ingenieurskunst Prototypen gebastelt, Versuchsfahrten unternommen, Rahmenkonstruktionen aus dem Mountainbikebereich als Vorbild für die eigenen statischen Berechnungen verwendet und hochwertige Fahrradkomponenten verbaut. Und dann war es vollbracht: Der X-Hopper war geschaffen. Ein nur 70 Kilogramm schweres Gefährt mit Tretantrieb für zwei Personen plus Fahrer und Gepäck, das sich recht flink und wendig im normalen Straßenverkehr bewegen lässt. Wer es ausprobiert, stellt erstaunt fest, dass es Riesenspaß macht, mit dieser soliden Radkutsche zu fahren. Die Erbauer dieser Leichtbaurikscha haben das in Standardlackierung hellgrüne Fahrzeug sogar downhill getestet, um die Stabilität der Radkutsche zu belegen.

300 Kilogramm Zuladung sind kein Problem, mit der 7-Gang-Kettenschaltung sind selbst Hügel zu meistern, ohne den Passagieren einen total erschöpften, keuchenden und schweißnassen Fahrer vor der Nase zuzumuten.

Mit der wahlweise erhältlichen Elektromotorunterstützung wird der X-Hopper sogar noch viel leichter fahrbar und flitzt fast wie ein kleines Auto, während drei Scheibenbremsen für die sichere Verzögerung sorgen. Sonderanfertigungen sind ebenfalls mit im Angebot der Radkutschenbauer, so zum Beispiel behindertengerechte Versionen oder die Riksha mit Platz für das Hundekörbchen. Im Standardmodell finden zwei Erwachsene bequem unter einem Faltverdeck auf der einen Meter breiten Sitzbank Platz. Also besteht mit dieser ausgereiften, aber immer noch typisch wirkenden Riksha auch die Möglichkeit, professionell Personen zu befördern und dabei den X-Hopper sogar als Werbeträger einzusetzen. Die Firma Radkutsche bietet nach langjähriger Erfahrung in diesem Bereich Beratung für Käufer an, die beruflich in die Pedale treten wollen. Für Existenzgründer gibt es eine kostenlose Unternehmensberatung, welche Behörden man auf dem Weg zur Selbstständigkeit mit der Riksha abrollen muss, dazu Nachhilfe in Buchhaltung, Pressearbeit, Werbepartnerakquise, Verdienstmöglichkeiten, Preissystemen und dem Eventmanagement. Anfänger im Radtaxisektor müssen sich also im Bürokratiedschungel nicht alleine abstrampeln!

Man kann den X-Hopper nicht nur kaufen, man kann Rikshas bei Radkutsche.de auch für private Feste, Firmenfeiern, Stadttouren oder Hochzeiten ohne Fahrer mieten. Dafür stehen verschiedene Modelle zur Auswahl.

Adresse:
Radkutsche.de
Gartenstr. 100
72074 Tübingen

Anfahrt mit öffentlichen Verkehrsmitteln:
Ab dem Haupt-Bahnhof Tübingen mit dem Bus TÜ-22 bis Haltestelle Aeulestraße (Fahrtzeit: 6 Min.).

Kuriositäten in der Nähe:
• Museum für Zahnheilkunde in Tübingen
• Privatmuseum Tante-Emma-Laden in Rottenburg-Obernau
• Römische, 32 Meter lange Toilettenanlage im Sumelocennamuseum in Rottenburg am Neckar

Einhorn mit (W)Allüren

Wunderkammer des Christoph Weickmann in Ulm

Wer den zwei Meter langen Stoßzahn eines Einhorns sehen möchte, der sollte sich aufmachen in die Wunderkammer im Ulmer Museum. Einhornhörner waren wichtiger Bestandteil jeder Wunderkammer der Renaissance. Sie waren nicht nur schön anzusehen, sondern man erhoffte sich von dem zermahlenen Horn Hilfe gegen Bisse tollwütiger Hunde, Skorpionstiche, Epilepsie und natürlich – denn die Form des Horns legt es nahe – gegen Impotenz. Zu Beginn des 17. Jahrhunderts waren Einhornhörner noch 10-mal so teuer wie Gold. Es ging die Legende um, die seltenen Tiere könnten nur von keuschen Mädchen gefangen werden, weswegen man auch immer wieder Maria mit dem Fabelwesen abgebildet findet.

1621 aber wurde die Herkunft der legendären weißen, in sich gewundenen Stangen gelüftet: Enttäuscht stellte man fest, dass es sich um das Horn des nördlich von Island lebenden Narwals handelte. Damit gab es eine clevere Geschäftsidee weniger auf der Welt – die Preise verfielen und nun konnte sich auch ein bürgerlicher Sammler wie Christoph Weickmann die Kostbarkeit leisten, wie sie bis dahin nur in Fürstenhäusern und Kirchenschätzen unter strenger Verwahrung war. Der Zahn im Ulmer Museum dürfte also etwa 300 Jahre alt sein.

Weickmann sammelte zwar – wie alle Wunderkammerbesitzer seiner Zeit – alles, was er lehrreich und sehenswert fand, doch spezialisierte er sich hauptsächlich auf naturkundliche Objekte und Exotika. Die Natursammlung ist allerdings inzwischen bis auf den Zahn verschwunden. Doch die erhaltenen völkerkundlichen Exponate des Museums bringen auch Daheimgebliebenen die exotische Welt ein Stückchen näher. Da gibt es beispielsweise das Orakelbrett aus dem heutigen Benin, das aus dem frühen 17. Jahrhundert stammt und mit dessen Hilfe sich der dortige König von einem Orakelpriester die Zukunft voraussagen ließ. Dass es verwendet worden ist, zeigen die Abnutzungsspuren. Dass es, wie Weickmann meinte, der König besessen habe, ist aber wohl falsch, denn der ließ wahrsagen, und belastete sich nicht selbst mit der Arbeit der Hellseherei. Das Brett ist das weltweit älteste bekannte Holz-Kunstwerk aus Schwarzafrika. Es ist rechteckig und hat in der Mitte eine kreisförmige, ebene Fläche. Die Ränder sind mit Menschen- und Tierfiguren verziert. Die Orakelbretter, wie sie heute noch in Verwendung sind, werden mit feinem Sand ausgestreut, auf das der Orakelpriester Muster zeichnet. Er wirft dazu Palmnüsse in die Höhe, die er wieder auffängt. Aus der Zahl der gefangenen Nüsse ergibt sich jeweils ein neues Muster im Sand, das vom Priester gedeutet wird. Auch heute noch ist das Orakel sowohl ein Ratgeber als auch eine Quelle der Unterhaltung sowie traditioneller Geschichten und Weisheit des Volkes der Yoruba.

Bemerkenswert sind zwei Gewänder, mit denen man bei jedem Ethno-Festival Eindruck machen könnte. Sie stammen aus Westafrika, wurden vor 1659 hergestellt und bestehen aus mit Indigo gefärbter Baumwolle. Weickmann beschrieb diese Toben als Gewänder, die nur von Königen oder hoch stehenden Persönlichkeiten getragen wurden. Er kam als Tulpenzüchter und Teleskophersteller durch Geschäftskontakte nach Afrika an die Kleidungsstück, die heute zu den wertvollsten afrikanischen Textilien weltweit zählen. Eines ist mit in waagerechten Streifen eingewebten, geometrischen Motiven verziert, das andere hat große kristallförmige Motive.

Ein Muss für eine Sammlung war ein Elfenbeinlöffel. 50 davon haben sich weltweit erhalten. Der Stiel des Ulmer Löffels ist als Vogel gestaltet. Er sitzt auf einer verzierten Öse, die aus dem Elefantenzahn herausgeschnitzt wurde. Insgesamt ist der Löffel 26 cm lang.

Von der Küste des heutigen Ghana besorgte sich Weickmann ein besonders repräsentatives Sammlerstück: Ein mit Goldblech und Rosshaar verziertes Schwert. Das Gold, das die Ashanti schürften und das die Europäer gerne an den Häfen eintauschten, gab dem Küstenabschnitt den Namen Goldküste. Der Griff und die Scheide sind aus der Haut von Rochen hergestellt. Die Fischhaut ist besonders abriebfest und soll auch, wenn es feucht ist, gut in der Hand liegen. Die Klinge des Schwertes ist aus Eisen geschmiedet.

Nicht alle Kuriositäten hat Weickmann importiert, was sich nicht auftreiben ließ, wurde in seinem Auftrag einfach angefertigt. So sind in der Sammlung zwei Samenpüppchen zu sehen. Die Idee zu den hölzernen, mit Wachs bezogenen und mit Samen und Käferteilen geschmückten Püppchen lieferten die Bilder des italienischen Künstler Guiseppe Arcimboldo. Dieser malte für die Habsburger Kaiser in Wien Gemälde, bei denen die abgebildeten Gesichter aus Früchten, Büchern oder

Wunderkammern

Der Beginn der Wunderkammern und Kuriositätenkabinette liegt im Zeitalter der Entdeckungen. Es setzte sich zur damaligen Zeit die Ansicht durch, man könne die Natur nur beherrschen, wenn man sie verstehe. Immer mehr Gebiete der Welt wurden in Europa bekannt – und immer mehr Neues stürmte auf die Menschen ein: Neues, das sie erklären und ordnen wollten. Sie versuchten, Ähnlichkeiten zwischen Objekten aus verschiedenen Erdteilen zu finden oder Verwandtschaften zwischen Naturstoffen und Kunstgegenständen zu entdecken. Sie suchten nach einem Prinzip, das ihnen die Welt erklären könnte. Erstaunlicherweise aber war für die meist adeligen Sammler nicht das Normale von Interesse – Sie suchten das Ausgefallene. So waren gerade auch missgebildete Präparate sehr beliebt, beispielsweise ein eingelegter Säugling mit Wasserkopf.

Besucher sollten beim Betreten der Wunderkammern staunen und deshalb waren diese vollgestopft mit den unterschiedlichsten Objekten, zwischen denen man sich kaum zurecht fand und die in Schränken und Schubladen aufbewahrt wurden, welche selbst schon wieder kunstvoll und ungewöhnlich waren.

Zwischen Kunst und Handwerk wurde nicht unterschieden. Ohnehin schon kostbare Nautilusmuscheln wurden zu noch kostbareren Trinkschalen weiterverarbeitet. Auf Landschaftsachate wurden Bilder aufgemalt. Aus Muscheln und Samen wurden Männchen gebastelt und aus Straußeneiern und Korallen wurden Pokale angefertigt.

Die Wunderkammern und Kuriositätenkabinette waren oft halb öffentlich. Auf Reisen gehörte es dazu, sich die Kabinette vor Ort anzusehen und sich so zu bilden, im Grunde waren solche Sammlungen die Vorläufer unser heutigen Museen.

anderen Gegenständen zusammengesetzt waren. Die Bilder waren für Privatleute unerschwinglich und so wurden für weniger finanzstarke Sammler Figuren nachgebaut. Die kleine Frau, die Weickmann kaufte, trägt eine Halskrause aus Meeresschnecken. Der Gürtel der Dame ist mit Rote-Beete- und Kopfsalatsamen verziert. Das Gesicht der Dame schmückt eine Artischockennase. Als Pausbacken wurden Linsen aufgeklebt. Die Wimpern und Augenbrauen sind aus Käferbeinen gefertigt. Die meisten Ausstellungsstücke der Wunderkammern waren genau wie die Puppen vollkommen zweckfrei. Sie sollten nur das Weltgebäude im Kleinen darstellen. Der Fliegenwedel, der wohl in Ulm von dem Schönschreiber und Schulmeister David Selzel hergestellt wurde, hat mit ziemlicher Sicherheit nie Fliegen verscheucht. Auf den aus Pergament bestehenden Streifen, die in einem gedrechselten Holzstab enden, wird die Geschichte der Welt seit der Erschaffung Adams erzählt. Unwetter sind ebenso aufgenommen wie biblische Geschichten und militärische Ereignisse. Oft wird Verschiedenes in einem einzigen Dreizeiler zusammengefasst. So liest man über das Jahr 1230: „Wien gewann Keyser Friederich / Macht sie zu seiner Statt herlich / Das Meer lief auß gar Grausamlich.“ Ab und an finden sich auch Benimmregeln auf den 165 bunt beschrifteten Pergamentstreifen. Was für einen Schatz das Museum da hütet, zeigt die Tatsache, dass auf der ganzen Welt nur drei dieser Geschichtsbücher in Wischmobform bekannt sind.

Adresse:
Ulmer Museum
Marktplatz 9
89073 Ulm

Öffnungszeiten:
Di–So 11–17 Uhr

Anfahrt mit öffentlichen Verkehrsmitteln:
Ab dem Bahnhof in Um mit dem Bus 84 oder 70, Haltestelle Herdbrucker Straße
(Fahrtzeit: 7 Min.).

Kuriositäten in der Nähe:
• Maiskolbenhobel „Kukuruzrebbler“ im Donauschwäbischen Zentralmuseum in Ulm
• Solarfähre auf der Donau
• Tauchende Tierpfleger im Donauaquarium in Ulm

Wie verhext

Das Hexenhemd von Veringenstadt

Es gibt heute nur noch wenige materielle Zeugnisse aus der schrecklichen Zeit der Inquisition zu sehen: Eines davon, ein ärmlich anmutendes, grob aus Flachs gewebtes Kleid liegt wie ein stummes Mahnmal in einer Vitrine im Rathaus von Veringenstadt ausgebreitet. Es handelt sich um das so genannte Schandkleid der Anna Kohler, der kräuterkundigen Frau eines Baders. Nach dem Tod ihres Mannes wurde sie 1680 der Hexerei bezichtigt. Es folgte der siebte und zum Glück letzte Hexenprozess in Veringenstadt seit 1491. Vor der hochnotpeinlichen Befragung, der schmerzhaften Folter der Angeklagten 61-jährigen Witwe traf man einige Vorbereitungen zum Schutz gegen die gefürchtete Macht des Teufels. Die Bader-Ann wurde am ganzen Körper rasiert, vor der üblichen Tortur streifte man ihr zwei neue, geweihte

Die Hexenverfolgung

Der Glaube an Zauberei, an unheimliche und unerklärbare Mächte war seit jeher unter den Menschen verbreitet. Im Mittelalter hinterfragte man ihn zwar nicht rational, aber man versuchte Distanz zu halten zu Mächten, die von Christen zu verabscheuen seien. Ende des 15. Jahrhunderts schien dann nicht mehr so sicher, wer und was gut und was böse ist. Die Glaubensspaltung in Evangelische und Katholische und die vielen Kriegen hatte das einfache Weltbild vieler Menschen zerstört. Die Furcht vor dem Bösen, dem Teufel wurde allgegenwärtig.

Die katholische Kirche forderte 1484 in der „Hexenbulle" dazu auf, Hexen beiderlei Geschlechts zu bekämpfen. 1487 erschien der „Hexenhammer" des päpstlichen Inquisitors Heinrich Kramer. Dieses Werk ist geprägt von Verfolgungswahn und Angst vor Schadenszauber und erklärt die Frauen zu Hauptverdächtigen, da sie von Natur aus schlecht seien. Der Schadenszauber wurde fortan als juristischer Straftatbestand angesehen. Die „Hexerei" umfasste folgende Verbrechen: Teufelspakt und die Leugnung Gottes, Teufelsbuhlschaft (eine Art Hochzeit mit dem Satan), Schadenszauber (Schädigung und Vernichtung von Mensch und Tier), Hexensabbat (Teufel und Hexen feiern ausschweifende Feste).

Der Hexenhammer enthielt auch Anleitungen zur Führung von Prozessen gegen die Schadensstifterinnen und wurde zum Standardwerk der Inquisition. Die meisten Hexenprozesse endeten mit der Hinrichtung der verurteilten Hexen, vorher hatte man den Angeklagten durch Folter fast immer ein Geständnis abgezwungen. Bei der Hinrichtung setzte man auf die reinigende Kraft des Feuers: Die Körper verurteilter Hexen wurden immer verbrannt.

Hemden über. Der Überlieferung nach soll das erhaltene Kleidungsstück von sieben dreizehnjährigen Mädchen gesponnen, gewoben und genäht worden sein.

Nachdem die Unglückliche unter der menschenverachtenden Folterprozedur die Hexendelikte gestanden hatte, verurteilte man sie zum Tode auf dem Scheiterhaufen. Trotzdem hatte die Verurteilte zahlreiche Fürsprecher, die bei Fürst Maximilian von Hohenzollern-Sigmaringen um die Begnadigung der Hexe baten. Maximilian begnadigte sie daraufhin zum Tod durch das Schwert, statt der vorgesehenen Verbrennung bei lebendigem Leibe. Sie wurde am 8. Juni 1680 enthauptet, ihr Leichnam wurde dann aber dennoch verbrannt.

Durch die Enthauptung der aus dem Norden Deutschlands stammenden Frau blieb das Schandkleid erhalten, wenn auch die Echtheit bis heute nicht eindeutig belegt werden konnte. Es handelt sich um das einzig bekannte Stück seiner Art. Wer sich eine Gänsehaut holen will, kann es nun zusammen mit dem Richtschwert im Rathaus von Veringenstadt besichtigen, in dem auch der Prozess gegen die „Hexe" stattfand. Das älteste Rathaus von Hohenzollern mit seinem Heimatmuseum wurde jüngst renoviert und wäre auch ohne Hexenhemd schon wegen seiner Architektur ein beeindruckendes Ausflugsziel. Die Fachwerkkonstruktion besteht aus mächtigen Eichenbalken.
Der Bader-Ann wurde 1994 zum Gedenken an ihre Leiden und die der anderen unschuldigen Opfer ein Denkmal in Form einer Bronzestatue errichtet.

Adresse:
Rathaus Veringenstadt
Im Städtle 116
72519 Veringenstadt

Öffnungszeiten:
Mo–Fr 8–12 Uhr, Do auch 14–18 Uhr

Anfahrt mit öffentlichen Verkehrsmitteln:
Ab Sigmaringen, Gammertingen oder Hechingen mit der Hohenzollerischen Landesbahn bis Veringenstadt.

Kuriositäten in der Nähe:
• Miniaturwürste und Minigeschirr aus Porzellan (1:12) in der Miniaturwelt in Hettingen
• „Wir wollen Wulle"-Krug im Krugmuseum in der Albquell-Brauerei Trochtelfingen
• Projekt „Steinschaf" an der Sonnenhalde in Straßberg

Anziehende Abzieher

Korkenzieher-Museum am Kaiserstuhl

Bernard Maurer sammelte ursprünglich Werbeschilder, diese waren aber oft nicht zu transportieren, wenn er mit dem Motorrad unterwegs war. Um im Sammelfieber nicht zum Verkehrshindernis mit Überbreite zu werden, suchte er sich ein Sammelgebiet, das ihm mehr Spontaneität erlaubte und entdeckte für sich die Korkenzieher – denn die kann man meist in die Tasche stecken.
Viele Menschen interessiert nur der Inhalt einer Flasche, doch für Herrn Maurer ist der Weg (zum Wein) das Ziel. Seine Sammlung vergrößerte sich rasch, und 2003 konnte er sein Museum in der malerischen Altstadt von Burkheim eröffnen.

Wie ein gewöhnlicher Alltagsgegenstand seit über 350 Jahren in verschiedensten Ausführungen und für die unterschiedlichsten Tröpfchen und Töpfchen hergestellt die Welt bereichert, wird in Deutschlands einzigem Korkenziehermuseum gezeigt. Das kleine Museum präsentiert über 800 Exponate aus unterschiedlichen Korken ziehenden Ländern: wertvolle Raritäten aus dem 18. Jahrhundert, ganz kleine Korkenzieher für Parfum- oder Arzneiflaschen, große Gastronomiekorkenzieher mit ausgeklügelter Mechanik, in Schraubhülsen verborgene Reisekorkenzieher, Fasskorkenzieher, klassische Kellnermesser, Kombigeräte mit Pinsel, Eispickel oder

Korkenziehertypen:

Einfacher Korkenzieher – Wendel mit Quergriff zum Ziehen des Korkens
Kellnermesser – Wie der einfache Korkenzieher, aber mit Hebelvorrichtung; einklappbar
Tischkorkenzieher – Ein stationäres Gerät mit großem Hebel zum schnellen Öffnen vieler Flaschen
Flügelkorkenzieher – Nach dem Eindrehen der Spindel wird der Korken durch Herunterdrücken zweier Hebel (Flügel) entfernt.
Hebelkorkenzieher – Das gleiche Prinzip wie beim Tischkorkenzieher, nur in mobiler Ausführung. Eine zangenartige Vorrichtung hält die Flasche, der Hebel zieht den Korken.
Überdruckkorkenzieher – Ein Dorn wird durch den Korken in die Flasche gestochen. Nun wird Gas in die Flasche gepumpt und der entstehende Überdruck presst den Korken aus.
Spindelkorkenzieher (Glockenkorkenzieher) – Der Wendel wird in den Korken eingedreht, danach dreht der Griff auf einem gegenläufigen Gewinde weiter und zieht den Korken aus.

Schlagring und natürlich Werbekorkenzieher bekannter Firmen. Selbst ein Vierkant zum Öffnen von Schlafwagenabteilen verwandelt sich nach dem Auseinandernehmen in einen Korkenzieher, der dem Schaffner hilft, den Reisenden ihren Schlummertrunk einzuschenken. Am Kaiserstuhl darf natürlich auch ein Stuhl mit Korkenzieherbein nicht fehlen. Selbst Sonderausführungen wie die „Hebamme", ein recht langes Gerät zum Entfernen von abgebrochen Korkenresten aus Flaschen, sieht man neben dem mit Stacheldraht versehenen Korkenzieher zum „Abgewöhnen".

Natürlich muss eine Flasche erst einmal zugestöpselt werden, um ihren Inhalt vor Luft zu schützen, also finden sich in der Ausstellung auch einige Werkzeuge zum Verkorken.

Hersteller von Korkenziehern scheinen sehr phantasievolle und lebensfrohe Menschen zu sein, so hat auch eine Vielzahl „unanständiger" Korkenzieher ihren Platz im Museum gefunden, denn schließlich ist der Wein nach Ambrose Bierce (nur) Gottes zweitbestes Geschenk an den Mann. Die lüstern-lustigen Flaschenöffner werden in Burkheim in einer eigens hierfür geschaffenen „Peepshow" ausgestellt. Durch kleine Öffnungen in einer roten Wand können frivolste Ausführungen von Entkorkungsgeräten betrachtet werden. Hier neckt „Herr Kapselheber" „Frau Korkenzieher". Eine Dame stellt ihre ausgestreckten Beine willig einem Hebelkorkenzieher zur Verfügung. Auch das berühmte, belgische Manneken Pis zeigt sein spiralförmiges bestes Stück als Korkenzieher. Übrigens ist dies die einzige Peepshow im Landkreis Breisgau-Hochschwarzwald. Und dazu ist sie noch kostenlos.

Adresse:
Korkenzieher-Museum
Mittelstadt 18
79235 Vogtsburg-Burkheim

Öffnungszeiten:
So 14–17 Uhr außer Januar und Februar

Anfahrt mit öffentlichen Verkehrsmitteln:
Ab Bahnhof Riegel mit Regionalbus 102 bis Burkheim, Haltestelle Kreuz-Post
(Fahrtzeit: ca. 1 Std.).

Kuriositäten in der Nähe:
• Erdplastik „Mutter Erde" von Jutta Stein, Ortsausgang von Riegel
• Ihringen, wärmster Ort Deutschlands
• Liliental mit 230 Orchideenarten

Gemalte Muckis

Nazikitsch im Museum in Waldenbuch

Die Nazikitschsammlung ist nur ein winziger Teil des gut und informativ gestalteten Museums. Man sieht im Museum für Alltagskultur hunderte Möbel und Alltagsgegenstände aus den letzten Jahrhunderten. Anhand von Kleidungsstücken und Reklametafeln, Staubsaugern und Toastern wird gezeigt, wie die Menschen im Ländle ehedem lebten. Das Wetterfroschglas und der Kükenkasten beweisen, dass man noch Anfang des 20. Jahrhunderts andere Haustiere hatte als heute. Die Küken wurden in der Stube neben dem Ofen aufgezogen, das „Biberles-Kästle" dafür hat seitliche Schubladen, um die Tiere zu füttern.

Erst im dritten Stock des Waldenbucher Schlosses blickt den Besucher von der Wand Hitler grimmig-entschlossen an: „Geschmiedet aus Zorn und straffer Zucht

Swastika

Das Hakenkreuz, also ein Kreuz mit abgewinkelten Enden, kommt als Symbol auf vier Kontinenten vor. Es zierte frühe Coco-Cola-Werbung ebenso wie Fußböden französischer Kathedralen. Eine einheitliche Bedeutung hat es nicht. In China etwa bedeutet das Hakenkreuz als Schriftzeichen Überfluss und langes Leben, in Tibet Ausdauer. Auch die Germanen verwendeten seit der Bronzezeit das Hakenkreuz. Es taucht immer wieder als Muster auf. Dass es eine kultische Bedeutung hatte, konnte nie nachgewiesen werden. Allerdings könnte es ein Schutzzeichen gewesen sein, so wie heute etwa die blaue Augenperle in vielen orientalischen Kulturen.

Im 19. Jahrhundert entdeckten Wissenschaftler, die fremde Kulturen erforschten, das Hakenkreuz wieder. Deutsche, die sich für buddhistische Religiosität interessierten, verwendeten das Hakenkreuz als Emblem.

Erst im 20. Jh. kam das Hakenkreuz als Symbol der völkischen Bewegung auf. Das Swastikon wurde zum Symbol der 1913 gegründeten Germanischen Glaubens Gemeinschaft. Sie wandte sich gegen das Christentum, weil es eine asiatische Religion sei und seine Lehre kommunistische Züge habe. Die Mitglieder glaubten, dass eine Religion der Germanen nur aus ihnen selbst erstehen kann.

1918 wurde das Hakenkreuz dann zum Zeichen der Revolutionsgegner und Antisemiten. Seit 1920 zierte es das Parteibanner der NSDAP, der Nationalsozialistischen Deutschen Arbeiter-Partei unter Adolf Hitler.

– Das Deutsche Volk aus Würde und Wucht". Schon in dem Vers unter dem Wandbild, erkennt man an den Stabreimen die Begeisterung für das Germanentum. Abgebildet ist Hitler, der mit einem Hammer auf einem Amboss ein Schwert schmiedet. Der hagere Adolf wird als Muskelprotz dargestellt, der an jeder Bodybuilding-Meisterschaft teilnehmen könnte. Um den Arm trägt er einen Metallreifen, um die Lenden einen Lederschurz. War dieser Wandschmuck im Interesse der Staatsführung oder ist er zu lächerlich? Darüber musste eine Kommission entscheiden. 1933 war ein Gesetz zum Schutz der nationalen Symbole beschlossen worden, das verhindern sollte, dass Hakenkreuze und die Farben schwarz, weiß und rot zu Reklamezwecken eingesetzt werden – so waren Hakenkreuze als reiner Zierrat auf Kinderspielzeug, Sparbüchern oder Schokoladenpapieren ausdrücklich in den Durchführungsbestimmungen verboten. Aber wie sieht es mit Aschenbechern oder Zigarettenspitzen aus? Darüber war im Einzelfall zu entscheiden.

Die Nazisammlung im Museum in Waldenbuch besteht aus Gegenständen, die von Firmen vorgelegt wurden und über die im ehemaligen württembergischen Landesgewerbemuseum entschieden werden musste, ob sie in die Produktion gehen dürfen oder den guten Geschmack verletzen. Die Dokumente, die bescheinigten, was erlaubt, was verboten wurde, sind leider verloren gegangen. So weiß man heute nicht, ob sich die Frau mit rechter Gesinnung mit den im Museum ausgestellten Atlan-Haarklammern schmücken durften, die mit einem Hakenkreuz aus Strass verziert sind, und ob das Geduldsspiel, bei dem man die Buchstaben des Namens Hitler in die vorgesehenen Löcher schubsen muss, je vertrieben wurde.

Adresse:
Museum für Alltagskultur
Schloss Waldenbuch
71111 Waldenbuch

Öffnungszeiten:
Di–Sa 10–17 Uhr, So 10–18 Uhr

Anfahrt mit öffentlichen Verkehrsmitteln:
Ab dem Bahnhof in Leinfelden mit dem Bus 86 oder ab dem Bahnhof in Echterdingen mit dem Bus 828 Haltestelle Waldenbuch/Post (Fahrtzeit: ca. 15 Min.).

Kuriositäten in der Nähe:
• Deutsches Fleischermuseum in Böblingen
• Zebrastreifen aus Carrara-Marmor in Sindelfingen
• 24-stämmige Buche im Stadtwald Herrenberg

Große und ganz kleine Lichter!

Das Lichtermuseum in Wettersdorf

Not machte die Menschen erfinderisch – und so stammen die originellsten Exponate des Lichtermuseums aus den dunklen Tagen des Zweiten Weltkriegs, als keine Lampen zu kaufen waren. Aus einer alten Fischkonservendose, einem Blechröhrchen und einem umgedrehten Kronkorken wurde ein Öllicht.

Eine viel größere Öllampe, die mitten im Museum hängt, erleuchtete die Menschen auf einem Schiff. Fackeln sind zu gefährlich, um sie auf einem aus Holz bestehenden Schiff anzuzünden – und Kerzen drohen umzufallen, wenn es zu schwerem Seegang kommt. Schwankungen des Schiffes lassen sich bei dem ausgestellten Leuchter durch eine komplizierte Anordnung in sich beweglicher Ringe ausgleichen. Weitere Laternen für die Seefahrt sind die rote und grüne Positionslampe. Mit ihnen wurde im Dunklen angezeigt, wo sich beim Schiff Steuerbord, wo Backbord befindet.

Ein Exponat, das die Enkelin des Lampensammlers Walter Frenzl Besuchern besonders gerne zeigt, ist eine Faltlaterne im eleganten Lederetui. Solche Lichter wur-

Das Darmolmännchen

Das um die Wende zum 20. Jahrhundert verwendete Abführmittel Darmol wurde intensiv beworben. Auf den Werbetafeln aus Emaille eilte ein Mann im Nachthemd und mit Bettmütze, erhellt durch einen Kerzenhalter mit dem typischen Daumengriff, zum Stillen Örtchen. Die Toiletten waren oft in Fluren außerhalb der Wohnung gelegen – manchmal auch im Hof oder gar hinter dem Stall. In der Praxis blies oft ein Luftzug die Kerze auf dem nach dem Abführmittel benannten Leuchter aus und der Herr oder die Dame stand im Dunklen.

Der schwungvolle – nach dem „Reim dich oder ich fress dich"-Prinzip gedichtete – Slogan von Darmol lautete: Solange noch das Lämpchen glüht, Soll jeder sich des Lebens freuen! / Verdüstert giftiges Geblüt mit Schlackeresten das Gemüt, / Lässt sich die Unlust leicht zerstreuen. / Man nimmt vor'm Schlafengehn DARMOL und kriegt am Morgen, frisch und wohl / Nach gründlicher Erleichterung erneut den jugendlichen Schwung.

den von Ärzten verwendet, die sie in der Tasche bei sich trugen und sie aufklappten und anzündeten, falls sie bis in die
Nacht bei einem Patienten hatten bleiben müssen. Ganz
klein lässt sich die Laterne zusammenfalten. Ihre Fenster
sind nicht aus gewöhnlichem Glas, sondern aus Marien-
glas, einem reinen Gipsstein, der sich in Scheibchen bre-
chen lässt. Dieser Gips ist recht bruchstabil und hat seinen
Namen, weil mit ihm oft Marienbilder geschützt wurden,
denn die dünnen Blättchen waren im Gegensatz zum frühen Glas blasenfrei und gleichmäßig dick. Das ganze Lampentäschchen ist so klein und leicht, dass
auch Bergsteiger es gerne für den Fall schlechten
Wetters mit auf den Gipfel nahmen.

Neben Pumpöllampen, Hindenburglichtern, Darmolleuchtern, Schaffnerlampen
und Schwefelhölzern, Friedhofs-, Auto- und Fahrradlampen, Kerzengussformen
und Wachsstöcken gibt es im Museum auch einige besonders erstaunliche Kerzen.
Sie sind reich verziert und scheinen zu schade, um sie anzuzünden. Hergestellt
wurden die Evaluxkerzen in Walldürn – und wer sie entflammt, scheint nur ein
Verschwender. In Wirklichkeit wird in das wächserne Schmuckstück nur eine kleine Kerze eingesetzt. Ist sie verbrannt, löscht man das Licht, entfernt sie und setzt
den Deckel der Kerze wieder auf. Der Docht des Deckels ist reiner Zierrat und zeigt
niemals Brandspuren.

Adresse:
Lichtermuseum Wettersdorf
Odenwaldstraße
74731 Walldürn
Tel. 0 62 82/85 18

Öffnungszeiten:
Von April bis einschließlich Oktober So 14–17 Uhr.

Anfahrt mit öffentlichen Verkehrsmitteln:
Bus 849 ab Walldürn Bahnhof bis Haltestelle Wettersdorf (Fahrzeit: 40 Min.)

Kuriositäten in der Nähe:
• Hölzerne Mehrfachmausefalle im Walldürner Stadt- und Wallfahrtsmuseum
• Elfenbeinmuseum Walldürn
• Darren- und Grünkernmuseum in Altheim

Der Elefant und die 16 Zwerge

Schloss Weikersheim

Wer meint, Gartenzwerge hätten immer eine rote Zipfelmütze und einen Rausche-bart, der irrt! Sie sind auch nicht alle männlichen Geschlechts, zumindest nicht im barocken Schlossgarten von Weikersheim. Auf einer Balustrade zwischen dem Schloss und der Gartenanlage sind die 16 Gnome aufgereiht, wobei es sich durch-weg um fleißige Gartenzwerge handelt. Vorlage boten die Bediensteten des Schlos-ses. Die Zwerge wurden zwischen 1711 und 1712 aus Sandstein angefertigt – und gingen ganz mit der Zeit. Einer der kleinen Männer schlägt auf die Trommel. Gro-ße Trommeln hatten die Europäer erst im Krieg gegen die Türken kennen gelernt, da die türkischen Elitetruppen, die Janitscharen, von Militärkapellen begleitet wur-den. Die rhythmische Marschmusik wurde an den Höfen in Europa schnell po-

Die ersten Elefanten in Deutschland

Als in Weikersheim der Elefant modelliert wurde, da wusste man in Deutschland schon lange von der Existenz dieser großen, grauen Tiere, auch wenn wohl selbst Künstler nicht so genau wussten, wie sie aussehen.

Der erste Elefant war im Jahre 802 in das Gebiet des heutigen Deutschland gekommen. Das Reich Karls des Großen umfasste weite Teile Westeuropas – und er war neugierig, was außerhalb seines Reiches lag. 797 schickte er deswegen zwei Gesandte, Lantfried und Si-gismund und einen Dolmetscher und Kaufmann namens Isaak, auf eine lange Reise. Sie sollten Harun ar-Rashid, dem Kalifen von Bagdad, Grüße ihres Kaisers überbringen. Nach fünf Jahren – und nachdem Karl zum Kaiser gekrönt worden war – kam der einzige Überle-bende der Expedition, Isaak, mit einem wertvollen Geschenk nach Aachen zurück, mit Abu-L-Abas, einem weißen Elefanten. Acht Jahre später ist das Tier, das den Kaiser auf seinen Reisen oft begleitete, nach einer Überquerung des Rheins verendet.

Erst mehrere Jahre nachdem der Fries in Weikersheim gestaltet wurde, gelangte der erste Jahrmarktselefant ins heutige Deutschland. Im April 1629 wurde ein Elefant in Frankfurt am Main gezeigt. Er führte Kunststücke vor. Auch in Nürnberg und Memmingen konnte man das Tier gegen Eintrittsgeld bestaunen. Seit 1857 ist auch der Berliner Zoo, der älteste in Deutschland, Heimat von Elefanten.

pulär – und mit ihr die Becken, Triangeln und Pauken. Ein besonders fröhlicher Steinzwerg ist der Kellermeister, dessen Bauch sich rundet und der einen Becher in der Hand hält.

Keine Bedienstete im eigentlichen Sinne ist das dargestellte, eitel wirkende Hoffräulein. Der Fürstin Gesellschaft leisten zu dürfen, mit ihr zu reisen, Bücher zu besprechen, Brettspiele zu machen – das war kein Job, sondern eine Ehre. Außerdem durfte die Gesellschafterin auch bei den Fürsten zu Tisch sitzen und dasselbe Essen verspeisen. Sie war sicher auch bei den Festen im Rittersaal mit dabei, in dem sich eine weitere Weikersheimer Kuriosität befindet: Der Geweihfries. Unter der mit Jagdszenen bemalten Kassettendecke sind nebeneinander an die Wand Jagdtiere modelliert. Der Stuckator Johann Schmidt, der den Raum zwischen 1603 und 1605 gestaltete, hatte diese Technik wohl in Dänemark oder Schleswig-Holstein gelernt, wo solche plastischen Wandszenen Mode waren. Die lebensgroßen Tiere sind aus Gips, doch ihre Geweihe sind echt. Sie stehen weit aus der Wand heraus. Dass man Hirsche, Rehe und Elche unter dem Jagdwild findet, ist verständlich. Verblüffend ist der kurzbeinige Elefant, der seinen Gipsrüssel in den Rittersaal streckt. Er steht zwischen Rohrkolben und Klatschmohn und über ihm fliegt ein Herz mit Flügeln. Etwas unbeholfen sieht er aus, da der Künstler noch keinen lebenden Elefanten gesehen hatte – und was man ihm von diesem Tier berichtet hatte, war wohl nicht sehr exakt. Das exotische Tier hat Ohren, die etwas an verwelkte Rhabarberblätter erinnern und stark gewölbte Lippen. Sein Körperbau ähnelt einer Dampfwalze mit Doppelkinn und sein Blick ist vorwurfsvoll. Dennoch: Man muss ihn lieb haben, den goldig-misslungenen Dickwanst!

Adresse:
Schloss Weikersheim
Marktplatz 11
97990 Weikersheim

Öffnungszeiten:
April bis Oktober täglich 9–18 Uhr; November bis März täglich 10–12 und 13–17 Uhr

Anfahrt mit öffentlichen Verkehrsmitteln:
Regionalbahnen ab Lauda, Würzburg oder Bad Mergentheim bis Weikersheim Bahnhof.

Kuriositäten in der Nähe:
• Letzte hergestellte Kinoorgel (mit Vorführung) in der Laukhuff GmbH & Co. KG, Weikersheim
• „Eindachhof" – Ältester Tierfriedhof in Hohenlohe in Bad Mergentheim-Dainbach

Bäume mit biblischem Alter

Exoten im Schlossgarten und Exotenwald in Weinheim an der Bergstraße

Die Zeder ist ein mit der Lärche verwandter Baum, der besonders in der Bibel gerühmt wird. Mit seinen breit ausladenden Ästen, den immergrünen Nadeln und aufrecht stehenden Zapfen galt die Zeder als der Schmuck des Libanon. Ihr Holz duftet stark, ist vor Wurmfraß sicher – und das Harz und Öl der Zeder diente schon den Pharaonen zur Mumifizierung ihrer Toten. Juden und Christen ist die Zeder gleichermaßen bekannt, heißt es doch in Psalm 92: „Der Gerechte wird sprossen wie der Palmbaum, wie eine Zeder auf dem Libanon wird er emporwachsen."

Auf dem Libanon stehen noch über 300 über 1000 Jahre alte Bäume. Viele alte Zedern im Vorderen Orient sind aber dem Eisenbahnbau im Ersten Weltkrieg zum Opfer gefallen. Die Zeder im Schlosspark in Weinheim pflanzte Pfalzgraf Ottheinrich „erst" 1720. Damit ist diese Zeder immerhin die älteste in Deutschland.

Das Ringelhemd der Erde

Die Deutschen sind bekannt dafür, ihre Wälder beinahe abgöttisch zu lieben und halten sie für den Inbegriff der Natur. Der deutsche Wald, wie er heute wächst, ist überwiegend ein angepflanzter Wald. Die Baumarten werden in der Regel danach gewählt, welches Holz gut wächst und sich gut verkaufen lässt. So findet man selbst im Süden viele Nadelbäume. Ursprünglich aber war Süddeutschland von sommergrünen Laubwäldern bedeckt – Eiche und Buche dominierten –, während es in Norddeutschland Mischwälder gab aus Fichten, Kiefern, Eichen, Buchen, Ahorn, Linden und Ulmen. Die Erde trägt nämlich eine Art Ringelhemd. Um den Erdball zieht sich unterhalb der Polarzone die baumlose Tundra. Es schließt sich die Taiga an, der Nadelwaldstreifen des Nordens. Es folgen von Norden nach Süden ein Mischwaldgürtel, dann ein Laubwaldgürtel. Es folgt ein Trockengürtel mit Savannen und Steppen, bis sich noch weiter südlich ein Ring aus tropischem Regenwald um den Globus zieht.

Die Bewohner des Schlosses in Weinheim hatten eine besondere Freude an Bäumen aus anderen Ländern. Der Begründer des Exotenwaldes, Christian Friedrich Gustav Freiherr von Berckheim (1817–89), war zuletzt Staatsminister und Großhofmeister am Hof in Karlsruhe. Zwar war es zu seiner Zeit Mode, sich ausländische Pflanzen in den Garten zu holen, aber der Wald in Weinheim bildet mit seiner Größe von fast 60 Hektar dennoch eine Ausnahme. Zwischen 1872 und 1883 ließ der experimentierfreudige Besitzer 12494 Bäume Pflanzen. Oft mussten sie nach kurzer Zeit ersetzt werden, da noch nicht bekannt war, ob sie für das Klima in Weinheim geeignet sind und ob sie mit den Bodenbedingungen klarkommen. Die aus den USA stammenden Bergmammutbäume *(Sequoiadendron giganteum)* bezog Berckheim aus England. Die 1128 Bäumchen kamen mit Schiff und Fuhrwerk von der Firma Veitch in Exeter bei London als 4-jährige Topfpflanzen nach Weinheim. Jede dieser Pflanzen kostete 2 Guineen, die Bäume zusammen über 40 000 Goldmark. Die heute schon fast 60 Meter hohen Bäume sind noch Babys. Sie können 3500 Jahre alt werden. Bei uns sind den Bäumen die Sommer immer wieder zu trocken. Dann muss regelmäßig die Weinheimer Feuerwehr mit ihren Schläuchen ausrücken, um im Exotenwald Bäume zu retten.

Aus der Anfangszeit des Parks stammen auch die vielen Riesenlebensbäume *(Thuja plicata)*. Sie waren den Indianern an der Nordwestküste Amerikas sehr wichtig, aus ihnen schnitzten sie Kanus und Totempfähle. Die Rinde verwendeten sie für Seile und Netze. Zerreibt man die bräunlichgrünen Blätter, so riechen sie zitronig.

Die Bäume, die der Begründer des Gartens selbst pflanzen ließ, stammten ursprünglich überwiegend aus Amerika. Inzwischen sind auch asiatische und australische Arten dazugekommen. Stars sind natürlich die Kuchenbäume *(Cercidiphyllum japonicum)*. Im Herbst riechen die farbintensiven herabgefallenen Blätter intensiv nach frisch gebackenen Waffeln.

Adresse:
Schloss Weinheim
Obertorstraße 9
69469 Weinheim

Anfahrt mit öffentlichen Verkehrsmitteln:
Ab dem Weinheimer Bahnhof mit dem Rhein-Neckar-Bus 682 zur Haltestelle Hexenturm (Fahrtzeit: 4 Min.).

Kuriositäten in der Nähe:
Mercedes mit Holzgasgenerator im Automuseum Dr. Carl Benz in Ladenburg

Liebe in Haßfelden!
Die Wollschweinzucht in Wolpertshausen

Kein Schwein hat mehr Sex! – zu dem Schluss kommt man, wenn man sich in Europa Schweinemastbetriebe ansieht. Die Zuchteber bekommen Extraportionen Saccharide, damit sie auch im Hochsommer bei der Samenproduktion nicht schlapp machen. Die Weibchen dürfen sie aber nicht selbst begatten. Seit den 1970er Jahren hat die künstliche Besamung das natürliche Liebesspiel verdrängt.

Schweine, die bei Familie Schilling leben, haben Schwein gehabt, denn sie haben viel Auslauf und müssen sich nicht in enge Ställe quetschen. Dass es sich dabei um Wollschweine handelt, bringt den Borstentieren in Haßfelden zusätzlichen Lustgewinn. Hier steht der Eber mit seinen Sauen auf der Weide und darf tun, was ihm und den Weibchen gefällt. Es besteht keine Gefahr, dass er das weibliche Tier erdrückt, denn ein dreijähriger Eber wiegt nicht mehr als 170 Kilogramm – im Vergleich zu Deutschen Landschweinen handelt es sich um Leichtgewichte. Außerdem haben Wollschweineber im Gegensatz zu anderen Schweinemännchen in der Regel ein ruhig-freundliches Temperament.

Schweinefreunde – Schweinefeinde

Es gibt Tiere, die auf der ganzen Welt gerne verzehrt werden. Geflügel etwa wandert in Töpfe aller Länder. Anders das Schwein. Es ist in zwei Weltgegenden stark verbreitet. In China und Neu Guinea werden schon seit neun Jahrtausenden Schweine gehalten und gegessen. Die zweite Gegend mit hohem Schweinefleischkonsum ist Nord- und Osteuropa. Dort wurden die Schweine zunächst in den Wäldern gehalten, lichten Laubwäldern, in denen es zwischen den einzelnen, großkronigen Bäumen Wiesen gab. Heute werden die Tiere hauptsächlich in Mastbetrieben groß gezogen, die mehr als 2000 Tiere gleichzeitig im Stall stehen haben.

Das Judentum und der Islam verbieten den Verzehr von Schweinen. Dass Schweinfleisch zu essen zum Tabu wurde, hat aber wahrscheinlich soziale Gründe. Schweine sind Allesfresser. Sie Fressen Knollen, Nüsse und Körner – Nahrungsmittel, die der Mensch auch essen kann, ehe sie durch den Magen des Tiers gewandert sind. Bei Nahrungsmangel war es daher nicht sinnvoll, wenn Reiche sich von Schweinen ernährten und für die Armen nichts blieb. Außerdem war es auf der arabischen Halbinsel ohnehin aus klimatischen Gründen nicht angebracht, Schweine zu halten. Sie lieben eher Feuchtigkeit und Schatten.

Als Folge des Tête-à-Tête kommen 3 Monate, 3 Wochen und 3 Tage später die Ferkelchen zur Welt, allerdings nur vier bis sieben pro Wurf. So lange die Schweinchen noch keine gekräuselten Borsten haben, sehen sie so ge-  streift aus wie die Frischlinge von Wildschweinen. Später bekommen sie ihr Fell in blond, rötlich oder schwarzbraun und sehen zum Knuddeln aus.

Wollschweine haben eine lange Kindheit und es dauert bis zu acht Monaten, bis eine junge Sau geschlechtsreif wird. Die schlappohrigen Tiere, die aus Ungarn stammen und dort Mangalitza heißen, sehen schlecht, haben aber eine feine Nase. Sie sind nicht fett und gerade die Jungtiere jagen sich im Schweinsgalopp über die Wiese, während es sich die älteren Tiere im Schatten der Bäume gemütlich machen.

Dass die wolligen Schweine bei Wind und Wetter draußen bleiben können, macht sie zu pflegeleichten Haustieren. Herr Schilling hielt sie zuerst nur zum Zeitvertreib, nachdem er sich während eines Urlaubs für die robusten Tiere begeistert hatte. Inzwischen ist aus dem Hobby Beruf geworden und die Wollschweine haben noch ein paar Zackelschafe als Nachbarn bekommen.

Als bei der Schweinezucht nur die Größe der Schinken zählte, hatten Wollschweine keine Chance. Inzwischen wissen aber immer mehr Genießer, dass weniger mehr ist. Die Wurst, die die Familie Schilling direkt vermarktet, ist exzellent. Der Geschmack ist deutlich intensiver und aromatischer als bei Mastschweinen. Die Zusammensetzung der Fettsäuren beim frei lebenden Schwein ist gesünder und selbst der Speck verdaulicher als bei Stallhaltung. Schillings beliefern mittlerweile namhaft Feinkostläden im Ländle und wer die wolligen Wühler nicht nur auf der Weide besuchen, sondern sie mit nach Hause nehmen will, weil er sie zum Fressen gern hat, kann das in handlichen Dosen tun …

Adresse:
Familie Schilling
Grimmbachstraße 19
74549 Wolpertshausen-Haßfelden
Tel. 0 79 04/94 48 08

Anfahrt mit öffentlichen Verkehrsmitteln:
Ab dem Zentralen Omnibus-Bahnhof Schwäbisch Hall mit dem Bus 23 (Müller)
Richtung Kirchberg, Haltestelle Haßfelden-Hörlebacher Straße (Fahrtzeit: 25 Min.).

Kuriositäten in der Nähe:
• Zollstein für Brückenzoll in Lendsiedel
• Wasserturm zum Befüllen von Dampfloks in Crailsheim

Ortsregister

Die kursiv gesetzten Orte sind Hinweise auf Kuriositäten in der Nähe